「核」你点亮未来

LIGHT UP THE FUTURE

显君　叶清　著

中国原子能出版社
China Atomic Energy Press

4 混改的故事

5 新生的故事

目录

1 研发的故事

2 抗疫的故事

3 做大的故事

“

China Institute of Atomic Energy

核技术所

文武双全　迭代更新

中国原子能科学研究院（简称原子能院），有人称其为核工业的“老母鸡”。

这个隐身在北京西南郊的国家重要科研院所，前身是中国科学院近代物理研究所。在国家表彰的23位“两弹一星”功勋奖章获得者中，7位曾在这里建功立勋，60余位两院院士曾在这里工作过。钱三强、王淦昌……一个个名字，都曾在中国核科学史上熠熠生辉，鼎鼎大名。

2018 年拜会时任国际原子能机构副总干事兼核科学与应用司司长 Aldo Malavasi

IAEA 核安保技术协作中心签字成立仪式

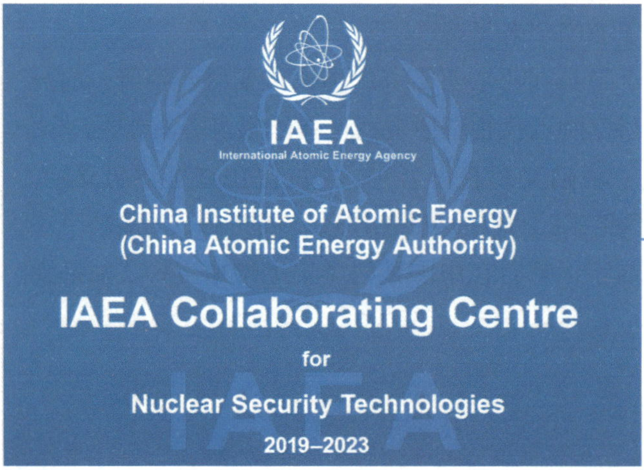

IAEA 协作中心牌匾

应用在 2008 年北京奥运会上的核安保产品

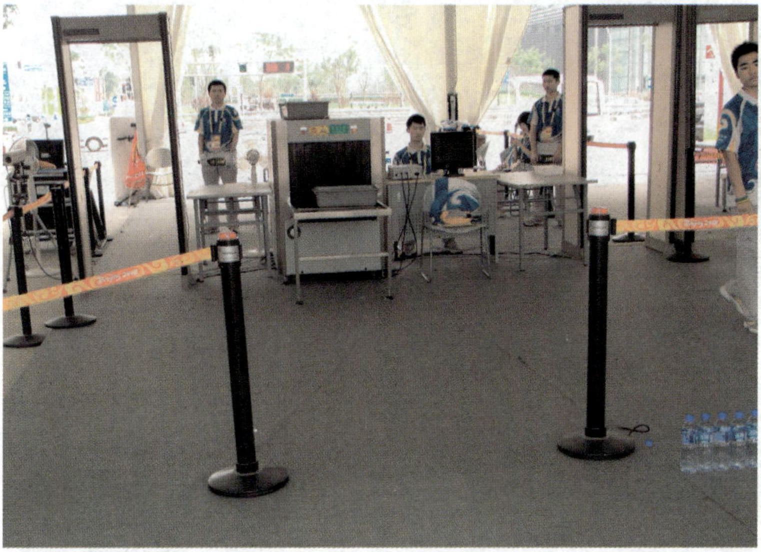

中国原子能科学研究院奥运反核恐怖技术项目组获“科技奥运先进集体”称号

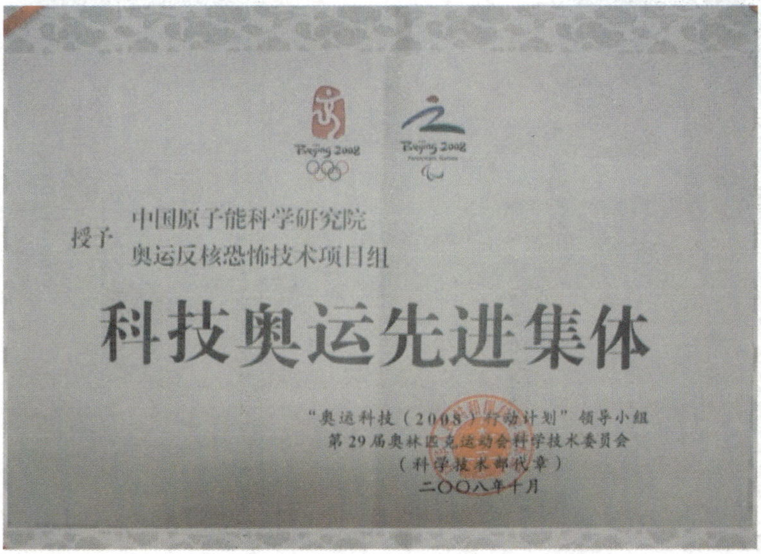
Beijing 2008

Beijing 2008

授予 中国原子能科学研究院
奥运反核恐怖技术项目组

科技奥运先进集体

“奥运科技（2008）行动计划”领导小组
第29届奥林匹克运动会科学技术委员会
（科学技术部代章）
二〇〇八年十月

2017 年厦门金砖五国峰会会场的车辆放射性物质检测系统

中国国际进口博览会会场安装的核安保探测系统

车辆放射性物质检测系统

涉核单位安装的核安保探测系统

建党 100 周年核安保探测系统

【研发的故事】

核技术所　文武双全　迭代更新

原子能院创建于1950年，是我国核科学技术的发祥地和基础性、综合性核科研基地。第一座重水反应堆和第一台回旋加速器在这里建成，标志着新中国进入了原子能时代。原子能院在我国“两弹一艇”研制攻关中作出了历史性的贡献。

在当今建设中国特色社会主义现代化强国、高效发展核能、加强科技创新的新时代，原子能院不忘初心，牢记强核报国的神圣使命，继续弘扬“两弹一星”精神、“四个一切”核工业精神和新时代核工业精神，以及“以身许国、敢为人先、严谨求实”的“四〇一精神”，坚持“国家核科技研究基地”和“中核集团重要支撑”两个定位，以中国实验快堆、中国先进研究堆、核燃料后处理放化实验设施、强流质子回旋加速器四个大型设施以及十一大国家级（部委级）创新中心和重点实验室为新的科技创新平台，以国防科技、先进核能开发、核基础及共性技术、核技术应用及产业化为主要方向，把原子能院建设成为国防军工的重要力量、先进核能的技术主导、核基础研究的主要支撑、核技术应用的创新源头和核科技战略的思想源泉，全方位打造世界先进水平的核科技研究基地，建设现代富强文明、和谐美好的原子科学城。

这里有一个神秘的代号，"401"。这是中国硬核力量的"集结地"，这绝不是一句简单的口号。

这里见证历史，也创造历史。核工业人牢记使命，传承精神。

核技术应用研究所（简称核技术所）是原子能院下设的一个研究单位。在核技术所里，有一支被誉为"民工博士"的队伍，他们做得了科研，也打得了地钻，实验室里有他们认真讨论的样子，活动布置现场也有他们忙碌的身影。

文武双全，说的就是这支"民工博士"队！

从 2008 年北京奥运开始，他们运用核探测技术，在核反恐和安保中不断优化和更新核安保设备，为国内各大重要活动、会议保驾护航。

在这一次次安然无恙的核安保工作背后，有着这支特殊队伍不为人知的付出以及全面的自我学习。“民工博士”的事迹又是如何被人传唱的呢？

这些故事，也许不足以惊天动地，不够气壮山河、轰轰烈烈，可这也正是他们的故事魅力所在，感人的品质、动人的瞬间都在那细水长流般的平实中。当看完这些故事之后，我们也许会有这样的感觉，除了钟表里的那个时间外，原来还有另一套由自己的故事所建立的时空系统。它不以年月日、时分秒切分，而是以一个瞬间、一个人或一段故事作为刻度。它们就像绵延的山脉群的山峰，人穿过记忆的迷雾，第一眼看到的就是它们，就是那些生命中至关重要的“寥寥数日”，就是那些惊艳灵魂的时光。

时间流逝，故事淡化，仿佛将把一切变成冰。所以需要记录，需要流传，如此我们才会发现，冰的下面，未来在涌动。

北京奥运　安保伊始

2008 年北京奥运会期间，发生了一个插曲。

一位观众在工人体育馆过安检时，X 光机和金属探测安检门没有发出任何报警，但在通过一对不起眼的“隔离栏”时，警报声骤响，场面一度十分安静，唯有警报声显得格外不同寻常。

原来这位观众由于患病，曾在几天前服用碘 -131 放射性药物，恰恰就是这些微量放射性核素让两根“隔离栏”发出了警报，系统的灵敏度可见一斑。

故事中的“隔离栏”就是原子能院核技术所这个“民工博士”团队研发的核安保产品——通道式行人 / 行李放射性物质检测系统。

当然，核安保领域是核技术应用的其中一方面，也是如今发展势头日新的领域。

在很多人眼里，核技术神秘而高深。其实，核技术早已融入人们生活的方方面面。除了众所周知的核武器与核电应用，核工业领域还有应用广泛的轻工业，即非动力核技术应用（又称为同位素与辐射技术，简称核技术应用）。国际原子能机构（IAEA）曾指出：“就应用的广度而言，只有现代电子学和信息技术才能与核技术应用相提并论。”

伴随改革开放 40 多年来的经济飞速发展、工业化进程加速推进，我国核技术的应用范围不断拓展，已广泛应用于工业、农业、医学、环保等领域，并在辐照材料改性、辐照加工服务、辐射技术装备、公众健康、公共安全、环境保护等方面形成一定的产业规模，取得了显著的经济效益和社会效益。

尤其在公众安全领域，X 射线、γ 射线、中子等探测技术已广泛应用于航空、铁路、海运、公路等客运和货运安全检查中。近年来发展起来的核磁共振、核四级共振等“指纹式”高精度检测技术，也具有广阔应用前景。

其中，大型集装箱 / 车辆检查系统是核技术在公众安全领域最成功的应用，已在北京奥运会、上海世博会、博鳌亚洲论坛等多项国际重大活动的安保中发挥了不可替代的作用。此外，融合了双能材料识别技术和螺旋 CT 扫描技术等尖端科技的 CT 型行李 / 物品检查系统，可用于探测固体 / 液体爆炸物、检疫性违禁品等多种类型的违禁品，并实现自动报警，具有更高的检出率和更低的误报率。

更常见的，则是在机场、火车站、地铁等公共场所都有安检仪的身影。它是借助输送装置将被检品送入 X 射线检查通道检测的设备。其工作原理与用 X 光诊断相似，当 X 射线穿过物品时，通过探测从物品透射出来的射线强度能反映出物品的结构信息。安检仪的辐射剂量有限，其两端进出口都有铅帘可阻挡射线。X 射线只起透视作用，不会在透视过的物体上残留，不用担心它对物品的辐射影响人体健康。需注意，安检时切不可把手伸入安检仪中取包，会受到辐照。

然而，尽管看似应用广泛的核技术充斥在人们的生活中，可在中核集团首席专家、核技术所所长王国宝的眼里，中国核技术应用发展还远远不够。美国 2009 年在核技术应用领域的产值就达 6000 亿美元，占其当年国民生产总值的 4%；而中国 2015 年的产值规模才 3000 亿元人民币，相当于 400 多亿美元，仅占中国当年国民生产总值的 0.4%。

“整整差了一个量级。”王国宝对这些数字，如数家珍。在每次跟团队或者学生说起中国的核技术应用，略显焦急的语气里，透露出他对核技术应用研究的热爱和追求。

正是这种对事业的追求，王国宝一直有一种时不待我的感觉，他不停地往前走，也推动着整个团队的进步——从一开始研究工业无损检测和辐照直线加速器，到耗时 10 年研究基于核四级共振原理的爆炸物检测技术，再到为北京奥运会集中攻关放射性物质检查系统……王国宝、曾自强、李永、郑玉来、刘超等这支核技术所团队一直秉持创新驱动发展的信念，始终不忘坚持科技发展、科技创新的初心。

2000 年，他们开始了基于核四级共振技术方法探测隐藏爆炸物的研究工作。在漫长的技术攻关过程中，王国宝、何高魁、李兴带领着这支队伍，一步一个脚印地向前稳步迈进，先后解决并突破了微弱信号获取、自动调谐、数据处理等多项关键技术，研制完成了通道式爆炸物检测样机、大容积爆炸物检测实验样机、高灵敏小型爆炸物检测实验样机、邮件爆炸物探测系统、手提包爆炸物探测系统。

在这期间，为圆满完成这些科研任务，加班已经是他们工作中最平常的事情。付出终有回报，他们的辛勤工作换来了12项中核集团及以上科学技术奖，并且大部分研究成果已得到了应用。“这些研究是不断提升核反恐装备技术创新的源泉。看到成果能得到应用，为社会作出贡献，一切付出都是值得的。”王强如是说。

其中，邮件爆炸物探测系统和包裹爆炸物探测系统已成功应用于2008年北京奥运会反恐安检。这标志着基于核四级共振技术进行爆炸物检测向实用化迈进了一大步，填补了国内核四级共振技术在安检领域的空白。

早在2002年，在原子能院的部署下，核技术所就瞄准北京奥运会，开始研发核安保设备，立志为北京奥运会作出贡献。在先后进行了6次改型，制造出6个样品后，凝结了科技人员的智慧、心血与汗水的通道式行人/行李放射性物质检测系统终于研制成功。

为响应北京奥运会“绿色奥运、科技奥运、人文奥运”的目标，王国宝和这支“民工博士”队将已经成型的放射性物质检查系统从技术和外观工艺上进行了大幅度创新。新研制的放射性物质检查系统从原先2米高的金色大门“变身”为仅1米高的两个黑色立柱，体积大大减小，外形与人们在机场、火车站常见的隔离栏相似，公众甚至意识不到这是一套安检设备，可一旦有放射性类物品通过，监测器半秒内就会自动声光报警，并显示剂量值。这种无感检测，在大幅度压缩检测设备体积的同时，新系统的各项技术指标仍保持原有的水平。由于其高灵敏度和准确度，以及体积小、操作简单等优势，该系统在北京奥运安检设备的招标中脱颖而出。

“包括鸟巢、水立方在内的所有竞赛和训练场馆，还有奥运村、奥林匹克公园公共区、奥林匹克大家庭饭店等，都配备了我们的核安保设备。”王国宝介绍，“我们一共提供了300多套设备，整个奥运会召开期间，无一出现任何故障或误报现象。”

这些核安保设备得到了北京奥组委、奥运安保部门和北京市公安局的好评，它大大提高了安检工作的准确性、可靠性和人性化，被誉为“明察秋毫的‘核警察’”，其科研团队被第29届奥林匹克运动会科学技术委员会授予“科技奥运先进集体”称号、国家国防科技工业局和北京奥运经济研究会授予“2008年卓越贡献奖”、中国国防邮电工会授予“工人先锋号”。

走过艰辛的研究、设计、试验之路，原子能院在持续坚持技术改进的同时，不断向高、新、尖发展，自主研发了多系列、多型号核安保探测设备，包括：行人/行李放射性检测系统、车辆放射性检测系统、（便携式）核素识别仪、爆炸物检测系统、固定式核辐射安全监测系统、复合安检门等，在我国乃至世界核安保领域中已占有一席之地。

“当为北京奥运会提供的300多套设备摆在车间里进行检测拷机的时候，那些灯一起闪烁，质量办主任李莉现场指导检查并出具合格证，这些场景让我很受触动。”虽然距离北京奥运会已经有12年之久，但谈及此事时，王国宝的言语中仍然透露着激动和欣喜之情。

“要么不做，要做就做好。”这是王国宝对团队的要求，也是自己的工作准则。正是在这种精神的鼓舞下，这几年来，他带领核技术所取得了一系列令人瞩目的成就，研发了10余种各类核探测应用产品，并广泛应用于各大活动和赛事，先后承担了第二届“一带一路”国际合作高峰论坛、国际篮联篮球世界杯、第二届全国青年运动会、庆祝中华人民共和国成立70周年大会、第七届世界军人运动会、第一届到第三届中国国际进出口博览会及庆祝中国共产党成立100周年等大型活动的安全保障工作，为核安保事业作出了贡献。此外，核技术所自主设计研发的直线加速器装置也广泛应用于食品、医疗、材料、海关检疫等行业领域，并出口到土耳其、泰国等国家。

值得一提的是，2017年，核技术所主导制定的我国第一个通用核仪器领域国际标准《工业无损检测用电子直线加速器国际标准》，由国际标准化组织国际电工委员会（IEC）正式发布。这个标准的制定，向世界展示了我国核技术应用领域取得的巨大成果，对原子能院无损检测用电子直线加速器走出国门影响深远，也为中核集团建设世界一流核科技创新集团奠定了基础。

如今，回顾核技术所在核反恐和安保方面的历程，北京奥运会无疑是中国核安保介入大型活动真正零的突破，是中国在大型活动和赛事上核安保的伊始。这一系列核技术的应用与进步，离不开"民工博士"队伍中每一个人孜孜不倦的努力和毫无怨言的付出。之后中国的核技术在核反恐和安保中的运用，从无到有，由弱到强，而安保设备也不断迭代更新。

十余年来，原子能院的各类核安保产品被广泛应用于机场、国内活动，以及多个重要公共领域，有效保障了公共场所人员的安全。作为科研国家队，原子能院一次又一次彰显了应尽的责任和雄劲的实力。

安全卫士　文武载道

从北京奥运会到中国国际进口博览会，核技术所团队研制的核安保探测系统始终是这些大型公共活动赛事安检的第一道防线。

这道防线的背后，是“民工博士”团队从研发、生产、调试、安装到维护一条龙科研和服务的坚守。他们是做得了科研的博士团队，也是扛得了电钻的“民工”队伍。

这支队伍每一个人的背后，都有着各样感人至深，甚至啼笑皆非的故事。

现任中国原子能科学研究院核技术应用研究所66室主任、党支部书记，于2019年10月荣获中核集团劳动模范荣誉称号的王强，其身上的故事，大抵是三天三夜都无法说得完的。1986年从兰州大学毕业后来到原子能院工作，王强主要从事核反恐与安保设备研发工作。这一“从事”，就坚持了30多年，逐步成长为研究员级高级工程师。

谈到自己从事核反恐与安检工作的机缘，王强从21世纪初震惊世界的“9 · 11”恐怖袭击事件说起，“这起事件反映出规模庞大的国际恐怖组织倾向于进行超大规模的破坏行为，为有效防范核恐怖袭击，我们在2003年开始研制防范核恐怖主义袭击的核安保装备。特别是我国申奥成功后，为我国的核安全与核保障提出了更高的要求。我们抓住机遇积极与主管奥运会安保工作的北京市公安局沟通，北京市公安局领导也十分重视核安保工作，此后我们就开始为北京奥运会的核安保工作专门研发了行人、车辆放射性物质检测系统和中子检测爆炸物系统。"在此之后，王强便带领团队投入核反恐安检产品研发中。王强的目标不仅仅是完成科研任务和项目验收，而是要把科研成果转化为实用化产品并应用于市场，将核技术应用到国民经济生活中去。

王强带领的团队在工作中十分注重创新。在安检产品的应用过程中，王强积极主动与用户沟通，了解需求，不断完善产品，使产品不断升级换代。他们研制的核安保产品不仅外观新颖，而且灵敏度大幅提高，得到了安检专家们的高度肯定。

在团队中，王强作为引领者，充分发挥模范带头作用，在核安保产品的研发中作出了突出贡献，为推动核技术在核反恐与安检领域中的应用发挥了重要作用。他秉持初心，坚守一线，勤勉敬业，带领团队为我国的核安保事业保驾护航。

从 2008 年北京奥运会起，王强团队研制的行人与车辆的核安保探测系统成为了大型公共活动赛事安检的第一道防线，此后在上海世博会、G20 杭州峰会、"十九大"、"一带一路"高峰论坛、厦门金砖五国会议、中非合作论坛、国际篮联篮球世界杯、庆祝中华人民共和国成立 70 周年大会、第七届世界军人运动会和中国国际进口博览会等这些大型国际、国内活动中，都会看到王强团队研制出的各类核安保产品。

把科研成果转化为实用化产品并应用于市场，将核技术应用到国民经济生活中去。一句简单的话，是目标，是理念，更是初心，它需要的是数十年如一日的坚守。

数十年来，王强团队研制出的核安保产品不仅为重大活动的核安保工作保驾护航，还应用到人民大会堂、国家大剧院、民航等多家单位，并出口坦桑尼亚、乌干达。他们先后租售设备1800余套，创造产值1.2亿元，获得了较好的社会效益和经济效益。

“我们的核安保产品之所以取得如此成就，就是凭借着三个方面，第一是具有一个勇于创新、吃苦耐劳的团队；第二是技术的不断创新；第三是产品的稳定性、安全性和有效性使用户放心与安心。”面对自己团队取得的成绩，王强这样解释道。

可是，谁能想到，这样一个带着团队往前冲的领导，他的心脏，装着5个支架。靠着这些支架，心脏才如正常一样，强有力地跳动着。可他从没有因为身体的原因而对工作有丝毫懈怠。作为一名党员，他无私奉献，身先士卒，带领团队克服困难、风雨无阻地按时完成了多次重大活动的核安保任务。三十余年的工作中，王强先后获得原子能院劳动模范、2015年度先进人物、党员“先锋旗帜”、“感动原子科学城人物”等荣誉称号，但相比这些个人荣誉，他更多提到的是团队的荣誉，“这些都是我们团队做的事情”。

随着原子能院研发的核反恐和核安保设备逐步走向市场，这支研发团队的成员们又学会了一项新的技能——设备的安装调试。有时在设备安装现场，面对时间紧、任务重，但安装维护人员紧缺的情况下，包括李永在内的许多科研人员都会撸起袖子一起干，在研发工作之余还学会了打钻孔、装设备。

2015 年福州第一届全国青年运动会期间，设备刚安装完毕后，福州市就遭遇台风“杜鹃”登陆。同事考虑王强身体因素，劝其不要冒雨前往现场，王强仍坚持带领几名工作人员冒雨对每台设备利用沙袋进行加固。台风过后很多大树都连根拔起，但核安保设备安然无恙。

“正是这些看似没有技术含量的点滴工作，在甲方看来却体现了我们的责任心和严谨求实的精神，这也是我们在市场竞争较为激烈的情形下能连续服务大型活动核安保工作的法宝。”

在 2019 年 7 月初，在第二届全国青年运动会即将召开之际，王强晚上 9 点多获悉第二天上午 8 点主管安保工作的山西省主要领导要了解核安保情况，他连夜驱车奔赴太原，到达时已是凌晨 4 点，稍作休息后便向省领导汇报核安保方案，得到省领导和与会专家的高度肯定。

2020 年 11 月 5—10 日，第三届中国国际进口博览会（简称进博会）在上海举办。原子能院核技术所为进博会提供了近百套核安保设备，这也是原子能院连续三次服务进博会的核安保任务。

原子能院放射性物质检测系统在前两届中国国际进口博览会核安保工作中安装运行稳定可靠，使用便捷，并且技术支持与服务多方位、全流程专业化，赢得了组委会专家的充分肯定和信任。为确保第三届进博会核安保任务顺利完成，核技术所精心组织，对所有设备进行严格测试，确保其有效性。从 10 月 25 日开始，原子能院对提供的行人放射性物质检测系统进行了安装调试，并陆续开展相关培训。采取全面防护与重点防护相结合的安检手段，为进博会提供辐放射性物质安全监测解决方案，覆盖上海国家会展中心、停车场等区域，设备类型包括行人放射性物质检查系统、车辆放射性物质检查系统、手持式核素识别仪等。

每次重大活动期间，原子能院都派出多名技术人员，提供全天候快速专业技术支持与服务。院所两级领导也非常关心现场服务保障人员，院长、院工会主席及所党委书记等领导屡次前往现场慰问，暖了心，鼓舞了斗志，激发了努力做好服务保障的热情。

据了解，十余年来，原子能院的各类核安保产品被广泛应用于大型国际、国内活动，以及多个重要公共领域，有效保障了公共场所人员的安全，在全世界都具有良好口碑。

2019 年，国际原子能机构（IAEA）在中国设立了首个协作中心——核安保技术协作中心。作为其依托单位之一，原子能院通过协作中心把我国在公共活动的核安保实践与经验，向各成员国分享，共同提高大型公共活动的核安保能力。

然而，在提及成就时，王强从不会提及个人，他的话字里行间都在说着“团队”“我们”。“取得的这些成就与我们团队辛勤的付出分不开。”为按时完成大型活动核安保装备的安装任务，王强多次带领同事冒着酷暑，每天工作十多小时，连续工作数天，他们的团队也被很多人戏称为“民工教授”和“民工博士”。

团队中的刘超，也算是一个经历过生死大场面的人了。为何如此说？刚刚新婚不久的他，正是你侬我侬之时，却被派遣到乌干达进行安保设备的安装和维护。

时值乌干达战乱之期，刘超晚上在房间里，闭门不出，即使半夜躺在床上睡觉，耳边仍然响着枪声。面对动荡的时局和战乱，为了确保刘超的人身安全，乌干达政府派出了几名精英保镖，随行跟着。

“虽然当时在那种环境下，心里慌肯定是有的，可每次出行带保镖，还是头一次，这感觉就像自己是个‘大人物’似的。”刘超说起这段经历，仿佛意犹未尽。

一次活动，刘超正挥汗如雨地安装着减速带，将电线一根根整理好装进减速带，以防电线被压坏。当他沿着走线专心致志地安装的时候，许是人高马大的他靠近草坪，吓坏了蹲在草丛中的一只流浪狗。这狗看着他一点点靠近，干脆利落地在刘超腿上咬了一口。起初，他尚未反应过来，当他意识到小腿处传来的剧痛时，才大声呵斥，引起其他同伴的注意。一时间，大家立刻围拥上去，做好紧急处理后，将刘超送去医院救治。

团队的小伙伴们调侃地回忆着这事，而刘超却摆摆手，没什么好说的，这事多没面子啊。可正是在他们眼里觉得“没什么好说”的事情，才最能体现这个“民工博士”团队的不易和艰辛。

由于白天交通要道不允许、时间紧迫等种种原因，安装核安保设备的工作都是安排的晚上甚至深夜的时候。没有照明灯光的情况下，李永、刘超等团队的每一个人想方设法解决眼前一个个困难。没有灯光，那就将运货的汽车开得近一些，打开车灯，当照明设备打光，而这支“民工博士”队伍就在这样有限的光照条件下，抓紧时间铺电线、减速带、立设备等。

有时，经过一夜的奋战，稍作休憩之后，就打起精神继续干活。尤其团队里，有些是女生，可在工作面前，谁也不输给谁。有的女同志实在太累，前一秒钟还在津津有味地吃着盒饭，后一秒钟身边的人跟她说着话，扭头一看，发现她竟然已经呼呼睡着了，手里的盒饭和筷子却还稳稳拿着。

即使偶尔不在深夜安装，也是在40℃高温的下午争分夺秒地安装。一次室外地面温度已然超过40℃，郑玉来和李永两人分工合作，一人打伞，一人负责安装设备。由于天气炎热，郑玉来便将长裤挽起一截，而后便全身心地开始工作。强烈的太阳，炙烤着大地，人在其中，大汗淋漓，而地面却冒着热气。

当郑玉来完工回到休息处，歇下来喝口水，擦把汗，终于缓过神来后才发现，卷起裤脚的一截小腿，竟然晒红晒伤了，并隐隐作痛。李永看着郑玉来被折腾得这通红一块，无奈地说："我这打伞，挡了上面，挡不住下部分呐！"

在李永身上，亦是有着这股拼劲。

2014年，核技术所研制的安检产品成功中标南京青奥会。此次任务中，核技术所配备了精干高效的生产、调试和保障人员，为青奥会30多个场馆提供了200多套安检装备和赛时的保障服务，李永全程参与。据当时一起工作的同事回忆，8月的南京每天都是桑拿天，在高温闷热的恶劣环境下，李永冲在最前面。货物装车时，他就站在无窗的车里指挥大家，在这样的工作条件下一站就是几个小时；现场安装时，20多天接近40℃的高温天气里，一个曾经坐在办公室的笔杆子博士竟然也学会了蹲在地上打钻孔；设备现场调试时，没有椅子，他便常常蹲在地上工作……

无论深夜，或者高温天气，如果设备安装完成之后，又遇到暴雨、台风的天气，他们还必须加固设备。

遭遇暴雨的时候，即使全身淋得湿透，也得在仅有的时间里赶快把设备都安装好。

一次，遭遇台风，一阵大风刮来，不知谁大喊："遮雨棚被刮跑了！"大家立刻扭头一看，幸好幸好，设备还安然无恙，稳稳当当地屹立在进口两边。

而让所有人印象深刻的，则是王强每次在大挂车从仓库出发前，总要亲自再仔仔细细检查一遍，看看是否有遗漏的装置，看看该固定的东西是否固定了，免得长途跋涉过程中，有什么碰撞或损坏，导致设备或装置不能使用。

"确认设备是否被固定好，别看是个不起眼的活，但一定要再三确认之后，我才放心。因为像我们这种安装，现场是不等人的。一旦设备有损坏或碰撞，就会耽误整个活动的安保工作。"对此，王强一再强调，领导不就是要多干活的吗，不就是所有团队里最后的兜底吗？

正是因为王强心里时时有团队，而团队里的每一个人又都懂得王强的付出，所以每次在讲起出征一次又一次的活动时，他们彼此谦让，彼此鼓励，互相肯定，互相认可。

十几年出征经历，"民工博士"队在从装货、放置、固定再到最后现场的卸货，一系列的安装流程，也不断优化，从原先要几个小时，熟练到只需花半小时即可完工。这么多年，不仅设备在更新换代，他们的安装方案，也在不断优化。

从车辆检测设备安装，行人检测设备安装，到减速带固定、走线固定，"民工博士"队从手忙脚乱地安装，到逐渐熟悉，如今已然是配合默契，可行云流水般完成安装工作。

在每次的现场作业时，王强也总会提醒大家，要注意安全，万事以安全为上。在他看来，大家毕竟是"博士"出身，打钻等这些现场安装工作，也是从门外汉开始学习，在这过程中，小心为上，诚然也是必须的。也正是王强时时刻刻的唠叨，团队人对此的牢记，十几年来，没有发生过一起安全事故。

"民工博士"队每次遇到活动赛事，几乎都是倾巢而出，总是冲在一线，义无反顾。

除了研发和安装，他们还从事生产、调试的工作。当研发结束，若顺利进入生产阶段，他们还需要选择原材料，选用器件。而为了保证设备使用的持久性，一般都会选用最好的材料来进行加工和生产。

像这样的故事在"民工博士"团队的工作中不胜枚举，但在他们眼中却是最平常不过的工作小事。

他们奋斗在科研、生产和经营一线，埋头苦干，文武双全，是核安保工作的“护航人”，也是活动的安全卫士。自2008年北京奥运会核安保伊始，经过十几年的岁月沉淀和经验积累，如今的“民工博士”队在核安保的研发上，进入了厚积薄发时期。无论是在科研上，还是人才培养上，累累硕果不断结出。

科研紧抓 硕果初现

在“民工博士”这支团队中，有这样一个80后，多年的工作经验已经让他褪去了最初的青涩，成长为岗位上的中坚力量，因为在工作中是个十足的急性子，所以也常常被同事们叫作“李大侠”。这位“李大侠”就是李永，核技术所核反恐与核安保研发团队的青年技术骨干。2015年，他入选了核技术所青年拔尖人才，同时带领的团队不断发展先进核探测数据处理技术，设计和研发出具有自主知识产权的核安保辐射探测创新产品，已在人民大会堂、国家大剧院、2014年南京青奥会、2016年G20杭州峰会、2017年“一带一路”国际合作高峰论坛等重要场所和重大赛事中成功应用。

2002年，李永大学毕业后来到原子能院攻读硕士研究生，毕业后便留在核技术所工作，在做好本职工作的同时，牺牲业余时间到研究生部授课。十多年来，他在这里经历了从学生到科技工作者和老师的角色转变，也尝试了从理论研究到应用研发的重心转移，但一直不变的，是他在科研工作中的踏实进取和对科研梦想的执着追求。

起初，李永所从事的工作主要是理论研究，这是一项基础研究工作。

众所周知，理论研究枯燥乏味，需要广泛阅读各类文献资料，不断更新国内外最新的相关理论进展，确定研究方向并展开理论方面的具体研究。在从事理论研究的那段时期，李永参与了多项国家自然基金项目，和老师合作提出了统一混合网络理论模型，并展开了相关特性及应用研究，合作发表的文章曾经蝉联入选2012年和2013年"中国精品科技期刊顶尖学术论文领跑者5000"。

出于工作需要，2011年，李永逐渐将自己的工作重心由理论研究转向应用研发，开始参与到核反恐与核安保产品的研发当中。对他而言，没有应用研究的相关工作经验，他所接触到的每一个名词、每一个部件、每一项工作都是全新的挑战。为了能够尽快融入这支研发团队当中，李永不断学习资料，利用一切可以利用的时间去补习相关知识。凭借着他自身刻苦钻研的学习精神和脚踏实地的工作态度，很快他便熟练掌握了新岗位上所需要的业务内容和基本技能。

作为核反恐与核安保研发团队的青年技术骨干，李永带领团队成功设计和研发出了通道式行人 / 行李放射性物质检查系统、复合安检门、带有核素识别的多功能安检门、车辆高灵敏放射性检测系统等多款核反恐和核安保产品。

2014 年，李永参与研发的通道式高灵敏核材料检测系统通过了出厂调试，但在运抵四川现场后发现设备参数出现了不稳定的问题，那段时间，李永在北京与四川之间往返多次，通过仔细分析测量数据和反复排查设备本身的问题后，李永发现是当地的气候因素导致设备不能满足实际的检测需求。于是，他立即调整了设备的检测方案，也使得设备顺利通过了当地的验收。

工作中的李永总是“一根筋”，在遇到难以攻克的问题时，他总会想尽各种办法去解决。比如在多功能安检门的研制过程中，李永主要负责数据的接口、控制、处理与显示工作，全新的软件学习，硬件的安装调试，全靠他自己来想办法。曾经有一个软件接口的故障导致系统当机的问题一直困扰着他，经过半个多月多方面的逐条分析调试，难题才得以解开，这半个月，他几乎是没日没夜的工作。最终，研发的软件系统顺利通过了权威部门组织的软件测评。大家也常常笑称：“李永的爱好只有工作，单位就是他的家。”

在开展研发工作的同时，李永还投入到多项科研项目的研究当中，如国家科技部支撑计划、中核集团龙腾 2020 重点科技专项、国防预研项目等，在项目中承担了大量重要的工作。他个人也曾获国防科学技术进步奖 2 项、中核集团科学技术进步奖 2 项、原子能院院级奖励 11 项，因工作突出，获中核集团 2016—2017 年十大杰出青年称号。

谈到核技术应用的市场前景，李永说，他们一直都在积极参加 IAEA 等相关的国际会议，通过了解国外核安保技术的发展现状，不断改进技术，提高我院核安保产品的研发技术水平，以此来顺应时代发展，满足用户的需求。

回顾核安保设备的发展历程，探测适用性的快速应变，技术的增强与突破，从单一到多元，从有线传输到无线传输的可移动型，设备的更新经历了三代，如今核技术所团队正在研发第四代安保设备，与时俱进，以智能为核心，确保研发与生产出保障到位、服务到位、质量到位的第四代设备。

"如今这一代的设备，是在原来基础上完善的，也是逐步摸索的，具有非接触、报警醒目、可靠性高、阈值可调以及无线传输的优点。它比之前的更灵活。"在说到这一代设备，王强简单明了地说出了设备的优势。

身为科研人员，也许核技术所团队的每一个人都不会想到，自己的工作竟然会和这么多重大活动产生关系。

从 2000 年开始，核技术所开始将核军工技术移植到反恐设备的研发应用。

2008 年，核技术所研制的反恐设备迎来大规模处女秀，在当年举办的北京奥运会上，NQR 爆炸物检测系统、放射性物质检查系统和高灵敏快速识别反恐核侦察车共计 430 余套反恐装备，为奥运会多个场馆和宾馆提供安全保障服务。

“我们注重‘量体裁衣’式的定制化创新。”王国宝举例说，在“一带一路”国际合作高峰论坛上现身的行人 / 行李放射性物质检测系统，是核技术所最早研发的核辐射探测装置，2002 年研发成功，2003 年即被投入使用。与最初的模样相比，论坛上现身的系统变得小巧了许多，而外形则变得“普通”了许多。

回想在 2008 年之前，大型活动的反恐设备多来自国外，国产反恐设备参与国际大型活动的场合也不多。可目前，核技术所已建立了科研样机—正样机—实用化产品—定型产品的产业链，陆续研发了反核恐怖、反爆炸恐怖、反生化恐怖三个领域的系列反恐装备，为国家级以及世界级重大活动提供了行人放射性检测系统、车辆放射性检测系统以及核素识别仪等近百套核安保设备。

“当前，国际恐怖主义不断升级，恐怖活动已对世界和平、经济发展乃至人类文明构成威胁和挑战。随着核技术应用的发展，利用该项技术进行反恐安检在全世界的社会安全领域起着越来越关键的作用。"在王国宝看来，作为科研院所，要努力带动核探测应用技术整体水平的提高和持续发展，加快提升我国防范核与辐射、爆炸等恐怖袭击的技术创新能力和核心竞争力，为巩固我国的核大国地位贡献一份力量。

如今，王国宝和团队正在推动将核反恐安检产品向智能化和信息化方向发展，比如通过自动识别技术的研发，让设备自动识别是何种核素。

"我们基层科研工作者越来越有成就感。"李永说，"国家现在十分重视核安保，作为核安保设备的研发者，我们将致力于先进核技术应用研究，大力研发具有自主知识产权的高、尖、新型核反恐安保设备，为国家和人民安全保驾护航。"

值得一提的是，经过这么多年的努力和研发，2016 年，原子能院核技术所作为 G20 峰会核安保设备承包方，圆满完成了 G20 峰会的核安保任务，为西湖景区安保圈 18 个出入口安检点提供了 50 余套行人 / 车辆放射性物质检测系统和安保产品，得到了主办方的肯定。

为满足 G20 对安保任务的高度要求，保障此次峰会平安召开，G20 峰会召开前夕，现场工作人员冒着 38℃的酷暑、顶着烈日连续奋战，对原有产品进行了从硬件到软件的升级换代，按时完成了全部设备的安装、调试，安排专业技术人员分 15 批次对浙江省公安部门近 400 名负责人进行了相关培训。

G20 峰会召开期间，核技术所配备了 6 名专业技术人员提供 24 小时巡查服务，确保会议期间所有安检设备的正常运行。

原子能院核安保设备运行稳定、可靠，服务保障团队高效、专业，得到了主办方的高度认可。这是原子能院继 2008 年北京奥运、2010 年上海世博会、2013 年南京亚青会、2014 年南京青奥会、2015 年第一届全国青运会等大型活动后又一次圆满完成的重要核安保任务。

2020 年 6 月 11 日，核技术所团队自主研制的移动式 X 射线背散射车辆违禁品检测装备、X 射线透射和背散射一体化包裹违禁品检测装备，依据国家相关标准，顺利通过国家安全防范报警系统产品质量监督检验中心和公安部安全防范报警系统产品质量监督检验测试中心的现场检测，标志着相关产品已具备商品化能力。

这两款核反恐与安保装备是运用原子能院多年积累的透射与背散射成像技术研发的新型产品，突破了 X 射线扫描方式构建等关键技术，具有自主知识产权。

其中，移动式 X 射线背散射车辆违禁品检测装备为开放式、移动式，采用车载移动式检查技术，可对静止或行驶的集装箱及车辆进行快速静默检查，确认其是否藏匿爆炸物和其他违禁品。整个检测装备集成在车辆上，操作台置于驾驶室以方便操作和控制，性能指标达国际先进水平。

X 射线透射和背散射一体化包裹违禁品检测装备可对包裹中隐匿的刀具、爆炸物等违禁品进行快速、有效检测。采用单 X 射线源的复合检测技术，集封闭式双能级 X 射线透射成像系统和背散射物品成像于一体，是国内外首次采用一个 X 射线源在不降低透射检测性能指标的前提下，同时完成背散射检测的技术，达到国际领先水平。

核技术目前广泛应用于核反恐与安保领域，其中 X 射线透射技术是安检设备常用的检测技术，而背散射技术能弥补透射技术不易发现爆炸物等违禁品的局限，市场应用前景良好。

经过多年在核反恐技术领域深耕细作，原子能院的核安保设备在我国乃至世界的安检领域中占有重要的一席之地：核反恐设备及服务进入军事领域以及民航、海关、铁路、城市轨道交通等公共领域；已有三种核反恐安检产品出口到坦桑尼亚、乌干达等国家，供维和部队使用，为保障国际社会的安全贡献力量。

助力国际　走向世界

2019 年 9 月 10 日，国家原子能机构主任张克俭和国际原子能机构（IAEA）代理总干事费鲁塔，在维也纳共同见证

“中国国家原子能机构与国际原子能机构核安保技术协作中心”合作协议签署。根据协议，国家原子能机构将依托国家核安保技术中心与中国原子能科学研究院两家技术支持单位，与 IAEA 共同设立核安保技术协作中心。这是 IAEA 在我国设立的首个协作中心，将通过开展核安保技术研发、设备测试、人员培训等合作项目，为机构和成员国核安保技术发展和能力建设提供支持。这是中国与世界各国开展核安保合作的新里程碑，对扩大中核集团和原子能院的国际重大影响力、巩固我国核大国地位，推动核安全、核能可持续发展具有重要意义。

核安保技术协作中心建立与运行后，原子能院将以该协作中心为平台，在核安保探测应用技术的研究、开发、测试和评估，以及经验分享、支持合作、交流培训等方面开展工作。例如，作为代表，李永曾参加了国际核技术研讨会议，及时了解当今世界先进、前沿的新技术；协作中心成立后，继续向 IAEA 捐赠核安保设备，并应成员国的要求提供了技术支持。

同时，核安保技术协作中心的创立，也让中国在国际舞台上书写大国的担当。

“尊敬的薛博士，我们对贵研究院从事的进一步加强探测能力的研发工作深感敬佩。在此我们愿意书面表达 2012 年通过 IAEA 核安保处捐赠放射性物质检测系统的感激之情……通过该设备的援助，我们已经受益。" 2019 年 3 月，原子能院院长薛小刚收到马来西亚核监管局总干事 Datuk HamrahMohd Ali 先生发来的感谢信。

信中提到的放射性物质检测系统，便是原子能院在 2012 年向 IAEA 捐赠的 3 套核安保设备。它们被用于国际核安保会议的核安保服务，并于 2016 年被 IAEA 转赠给马来西亚原子能许可委员会，应用于东南亚运动会等大型公共活动的核安保中，为保障国际社会安全贡献了力量。

这并非原子能院第一次向其他国家提供核安保服务。早在 2002 年和 2008 年，原子能院就分别向柬埔寨和阿富汗出口 4 套集装箱检测系统；2012 年和 2016 年，分别向坦桑尼亚和乌干达等国家出口便携式核素识别仪、多功能安检门、放射性检测系统共 40 余套，供维和部队使用。

一直以来，原子能院努力推动核安保技术和设备"走出去"，每年都会利用产业基金支持核安保设备的开发，并与 IAEA 长期保持良好的合作关系。一方面，原子能院积极参加 IAEA 核安保相关技术会、核安保大会等，跟踪国际前沿状况，同时介绍原子能院在核安保探测领域的研发成果与应用业绩，扩大原子能院影响力。另一方面，通过捐赠设备，原子能院与 IAEA 建立了更为紧密的合作，从而展开了更加广泛和全面的互动。

“这样可以让国际上更多地了解我们所做的工作，既展示了我院研发能力，同时又协助 IAEA 支持其他成员国开展核安保工作，为国际核安保事业贡献力量。种种这些，都为后来申请 IAEA 协作中心打下了良好基础。”王强说。

2016 年，国家主席习近平在国际第四届核安全峰会上提到国际核安保体系建设中的中国作用时，强调中国是大国担当，鼎力支持国际合作，为提升全球核安保水平作出独特而重要的贡献。这更加坚定了原子能院推动我国核安保探测技术走上国际舞台的信心。

2017 年 10 月，IAEA 副总干事兼核科学与应用司司长 Aldo Malavasi 先生访问了原子能院。座谈期间，原子能院专门安排了核安保探测技术在内的核技术应用及产业化情况介绍，并带其参观了部分实验室。

听完介绍，Aldo Malavasi 副总干事充分肯定了我们在核安保探测技术领域所取得的成就，建议原子能院在该领域加强与 IAEA 协作。他说：“你们在核安保探测领域有这么强的技术优势，能不能跟 IAEA 进行合作？”在王国宝看来，此次交流是一个很好的契机，促成了双方将核安保技术协作中心的建立列入未来的合作方向。

何为核安保技术协作中心？

这项计划发起于2004年，IAEA与指定的成员国单位进行协作，旨在促进全世界核技术的实际使用，并帮助IAEA实施其自身的计划活动。截至2018年，全球在运行协作中心共30个，而中国尚未有实际运行的协作中心。

毫无疑问，如果原子能院能够加入核安保技术协作中心计划，将对提高我国核安保技术研发和创新能力、建立我国与IAEA长远合作机制、强化在IAEA的话语权、拓宽我国核技术应用领域国际应用、体现中国大国担当具有重要意义。

毋庸置疑，这是中国原子能院，乃至中核集团厚积薄发所成就的中国首个协作中心。在这“迸发”的背后，离不开许多人的付出，他们的名字必然将载入核技术应用发展的历程。

中核集团对于建立核安保技术协作中心高度重视。2018年4月，中核集团组织代表团赴奥地利就核安保技术协作中心事宜开展交流，并分别拜访了IAEA有关官员。

“拜会Aldo Malavas先生的时候，他拿出一张世界地图，指给我们看，哪些国家已经建立了协作中心，这上面没有中国。他明确表示，支持中国建立核安保技术协作中心，希望中方利用自身的优势，参与到协作中心计划中。”王国宝对于当时的场景，记忆犹新。

2018年5月和9月，IAEA技术官员先后两次到原子能院进行考察，实地访问了核技术所实验室，观看了核安保设备现场演示，听取了技术人员的介绍和讲解。他们对原子能院核安保探测技术高度认可，双方明确了推动建立核安保技术协作中心的意愿。

按照协作中心申报流程，与 IAEA 对接的是我国国家原子能机构，因此协作中心的推进需要从国家层面进行。申报工作进行得很快，从原子能院到中核集团，到国家原子能机构，都做了大量的工作。

2019 年 4 月 4 日，我国常驻国际原子能机构代表团向 IAEA 发函，提议由我国国家原子能机构建立核安保技术协作中心，原子能院与国家核安保中心作为技术支持机构。IAEA 迅速做出回应，建议 5 月 6—9 日在维也纳 IAEA 总部召开会议，对中方的提议及具体工作计划进行讨论。原子能院核技术所李永参加了这次会议。

“IAEA 对于协作中心成立的必要性、申报单位相关的研发能力、双方合作领域与合作计划等都会进行讨论与评估。对我们而言，明确 IAEA 的需求是难度最大的。因为只有让 IAEA 确定，原子能院能够满足其实际需求并配合其开展工作，我们才能获取 IAEA 的支持。”

2019 年 6 月 21 日，IAEA 批准了选定中国国家原子能机构在核安保技术领域为 IAEA 协作中心的提案。从正式提出申请，到成功获得批准，整个过程只有短短两个多月。

“现在回过头看，申报过程还算比较顺利，很大程度也是因为我们的实力确实受到国内和国际上的认可，认为我们的技术、产品走在了国际前列，并且在未来有能力更好地协助其他成员国持续提高该领域的能力。”王国宝如是说。

勇者无畏，赢，则需要实力。光芒背后，是原子能院的科技工作者们几十年的修炼。

如今，核安保技术协作中心已然正式成立，作为中国核安保第一个 IAEA 协作中心，这既是成绩也是新的起点。

未来，在国家原子能机构和中核集团的指导与支持下，原子能院将以该协作中心为平台，开展核安保探测应用技术的研究、开发、测试和评估；支持其他成员国制定和协调研究项目，并加强与其他成员国的经验分享；在 IAEA 核安保活动中提供技术支持；利用原子能院现有的核安保辐射检测专业知识、设备资源开展技术交流。

“我们一定会利用好协作中心这个平台，推动我国与 IAEA 成员国之间更多的交流，不仅让 IAEA 成员国更多地了解中国的先进核技术探测能力及相关研发产品，而且培养出一支国际化核安保探测技术专业队伍，壮大国际核安保体系和队伍的建设，提升我国乃至世界防范核与辐射、爆炸等恐怖袭击的技术创新能力和核心竞争力，为国际核安保事业作出更大的贡献，真正体现大国担当。”王国宝信心十足，未来可期，拭目以待！

薪火相传　培养力量

一个团队，若想保有源源不断的活力，不仅业务能力要过硬，各方面的后辈传承和人才培养，亦是不容小觑。

管理体系上，核技术所现阶段已经完成部分同类专业的整合，能够更好地集中优势资源，更加高效率、高质量地完成核技术所内的工作。后续，核技术所将在此基础上进一步优化权责体系，将管理工作不断细化。

在人才培养上，面对高端人才缺少的问题，核技术所将进一步强化创新型科技人才的培养力度和凝聚力，加强科技创新团队的建设，发挥好高层次人才的“传帮带”作用，使具有创新能力的科技人员、关键技术带头人在实际攻关中得到培养和提高。

有如对王国宝来说，在多个身份和称谓中，他最中意的反而是“导师”的称呼。

“这是一种责任，你需要对这些学生负责。当然，所长也需要负责，但导师与所长，两种责任不一样。对学生负责，就是对未来的一种负责。”王国宝意味深长地说。

回忆起自己参加工作的时光，王国宝说有两位师者对自己影响很大。一位是王乃彦院士，作为中国核技术应用的先辈，王院士对核技术应用的热爱，以及严谨的科学家精神，对王国宝产生了重要影响。这种榜样的力量，使他耳濡目染。另一位，则是王国宝刚到原子能院时的老师——陈文奎先生。

"陈老师知识非常渊博，思路也非常清晰，人品更是好得没话说。"提起陈老师，王国宝毫不吝惜赞美之词。陈老师身上的品格以及"艺多不压身"的才华，教会了王国宝怎么做科研，怎么做工作，对其起了很大作用，使得他从空白领域出发，不断学习、进步，最终成长为核技术应用领域的一名专家、一位合格的"老兵"。现在，王国宝又将这种学习的方法和精神传授给下一代。

"什么事情王老师都让我自己尝试着去做，我们永远不能局限于一个领域，要做一个'多面手'。"王国宝的学生窦玉玲曾说到这一点。

杨京鹤对王国宝的教学方式甚是认同。回想起自己刚刚毕业的时候，老师就安排他参加一台加速器的组装调试工作，将完整的流程从头到尾地跟了一遍。"后来忽然有一天，小组里做讨论的时候，我发现他们说的我都能听懂。那段时间，我无形之中在实践里提高了很多。"

每隔一两个月，王国宝都会让学生们交一份学术相关的调研报告，他亲自批改，再和学生们一起探讨报告里存在的问题。对待学术，王国宝十分严苛，一点不马虎。对于学生的生活，他格外关心，考虑周全。他会帮学生找房子，给学生做证婚人，这样的事情不胜枚举……但凡学生遇到困难，若他知晓，定会全力帮助。

“在王老师面前，我们相处得就像家人。”学生窦玉玲如此形容。

作为所长，在王国宝的倡导下，核技术所开展了“青年人才拔尖计划”，每年对所里表现突出的青年人进行表彰，以激励更多的年轻人能够深深耕耘核技术应用研究这一块沃土。

“简练”，是杨京鹤对老师王国宝的总结，做事情从不拖泥带水，能用三句话说清楚的事，绝对不用五句话。“简练”两个字拆开，更是凝练了王国宝的人生信条：简简单单做人，干干练练做事。

作为所长，王国宝希望最终能建设出一支由中核集团首席专家、中核集团学术带头人、院级学术带头人和青年学术带头人、所级拔尖人才、有创新能力的科技管理人才等组成的高素质人才队伍。

“长大后我成了您”，新与旧从来不是交替，而是传承，传承的不仅是肉眼可见的技能，更是内在的品格、精神……

“凡是过去，皆为序章，砥砺前行，无愧于心。”这大概是核技术所整个团队最好的写照。在这种理念的引领下，团队先后完成了国防技术基础、预研、国家科技支撑计划、龙腾计划等多个领域的 17 个项目，核反恐与核安保技术获集团及以上科学技术奖项 12 项，已授权发明专利 8 项，实用新型专利 12 项。这是团队一代代人艰苦奋斗的结果，是辉煌，也是核技术所得来不易的发展基础。

如今，核技术应用的发展深刻影响着世界各国的科技进步、经济发展和人民健康，已成为世界大国必争的战略制高点和优先发展的重要产业方向。核技术应用具有高度渗透性、产业关联性以及独特的技术优势，为自身发展提供了广阔空间。

西方发达国家通过政府扶持和市场拉动，已在核技术应用产业领域形成了关联度高、节能、高效、无污染的新兴产业。与发达国家相比，我国核技术应用产值占 GDP 比重较小，产业发展潜力巨大、前景广阔。

近年来，我国核技术应用产业逐渐受到重视，已上升为国家重点支持的战略性新兴产业，成为当前国防建设与国民经济发展不可或缺的重要领域。在政府的大力支持下，借助资本市场畅通的融资渠道以及国内外旺盛需求的牵引，在全球核技术应用蓬勃发展的国际环境下，随着核技术应用新领域产业化条件日渐成熟，可以预测，我国核技术应用将继续保持强劲的发展势头，应用领域将不断拓展，应用规模将持续扩大。

未来，核技术将会更加广泛、深入地应用于农业、医疗、环保等领域，进一步推动我国核技术产业向标准化、集约化与国际化发展。同时，随着核技术与其他技术、产业及经济社会各领域深度交叉融合发展，核技术应用将给人们生活创造更多美好的改变，进一步造福人类。原子能院的核技术应用研究所将以现有工作条件为基础，紧紧围绕核技术发展需求，努力提升核技术应用的综合研究能力、系统集成能力，做好核技术应用发展的传承者、创新者与引领者。

金辉辐射

号角响起　竭力以待

“

Beijing Atom Hightech
Jinhui Radiation Technology
Application Co.,Ltd.

金辉辐射，北京原子高科金辉辐射技术应用有限责任公司的简称，前身是中国原子能科学研究院辐照中心，2001 年以辐照技术产业作为母体转制成立北京原子高科核技术应用有限责任公司；2002 年，中国原子能科学研究院将同位素所产业并入北京原子高科核技术应用有限责任公司，扩大成立了原子高科股份公司；2004 年 8 月原子高科股份有限公司为加强辐射技术业务的发展力度，又融资 2700 万元，成立了金辉辐射。

金辉辐射运往武汉
的首批医用防护服

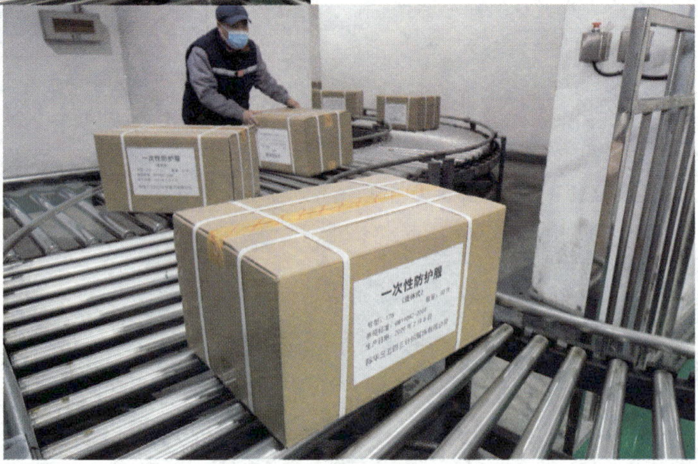

医用防护服辐照现场

社会各界的感谢信

中华人民共和国工业和信息化部

感谢信

北京原子高科金辉辐射技术应用有限责任公司：

新冠肺炎疫情发生以来，按照国务院应对新型冠状病毒肺炎疫情联防联控机制工作部署要求，为全力保障医用防护服的供应，工业和信息化部、国家药监局、国家卫健委联合印发了《医用一次性防护服辐照灭菌应急规范（临时）》，显著提升了医用一次性防护服的灭菌效率和供给速度。

疫情期间，贵单位加班加点、克服困难，为生产企业提供了高效的辐照灭菌服务，已免费完成一次性防护服的辐照近70万套，彰显了全力抗疫的大局意识和责任担当。

在此表示衷心的感谢！希望贵单位再接再厉，努力作为，为打赢疫情防控阻击战做出更大的贡献！

工业和信息化部科技司

2020年2月27日

中华人民共和国工业和信息化部

感谢信

中国核工业集团有限公司：

新冠肺炎疫情发生以来，你集团认真贯彻落实习近平总书记关于疫情防控工作重要指示精神，积极配合做好国务院应对新型冠状病毒肺炎疫情联防联控机制医疗物资保障组有关工作。讲政治、顾大局，组织所属北京原子高科金辉辐照技术应用有限责任公司免费、高效为部分医用防护服生产企业提供辐照灭菌服务，显著提升医用防护服的灭菌效率和供给速度，在支持重点医疗防护物资企业增产增供中发挥了重要作用。在此，谨向你集团表示衷心的感谢！

当前全国疫情防控形势持续向好，疫情蔓延扩散势头得到基本控制，希望你集团一如既往支持医疗物资保障组工作，为打赢疫情防控的人民战争、总体战、阻击战作出新的更大贡献。

国务院应对新型冠状病毒肺炎疫情
联防联控机制医疗物资保障组

2020年3月17日

国务院国有资产监督管理委员会

感谢信

中国核工业集团有限公司：

新冠肺炎疫情发生以来，各中央企业坚决贯彻落实习近平总书记重要指示精神和党中央、国务院决策部署，按照国资委党委具体工作安排，迅速行动，千方百计调集人力物力财力等各项资源，争分夺秒、夜以继日，全力投入疫情防控阻击战。

你公司所属北京原子高科金辉辐射技术应用有限责任公司积极支持医疗防控物资保供工作，在新兴际华集团有限公司所属3502、3534、3543厂为武汉疫区以及政府收储提供医用防护服工作中，免费、高效为其提供辐照灭菌服务，彰显了中央企业的大局意识和责任担当。现对你公司不计成本、不计代价，顾全大局、主动作为的精神表示衷心感谢！希望你公司再接再厉，努力作为，在打赢疫情防控阻击战中发挥更大作用！

国资委办公厅

2020年2月13日

中华人民共和国科学技术部

感谢信

北京原子高科金辉辐射技术应用有限责任公司：

2020年是极不平凡的一年，病毒突袭而至，疫情来势汹汹。按照党中央、国务院决策部署，科技部会同12个部门组建攻关组和专家组，成立工作专班，动员全国科技系统开展抗疫攻坚。第一时间分离出病毒毒株，向全球共享病毒全基因组序列。疫苗研发5条技术路线并行推进。迅速推进完成核酸检测试剂研发上市。多种药物或治疗手段进入诊疗方案。开展抗疫国际合作，分享最新成果，提供中国方案。

科研攻关取得的成效离不开贵单位的参与和支持。在此，向贵单位在参与疫情防控应急科研项目中所做的工作和付出的努力致以衷心的感谢。

面对当前疫情形势，我们要慎终如始、再接再厉，共同做好常态化疫情防控科研攻关各项工作，推动科研攻关取得更大突破。

科技部办公厅

2021年1月13日

金辉辐射获“全国抗击新冠肺炎疫情先进集体”称号

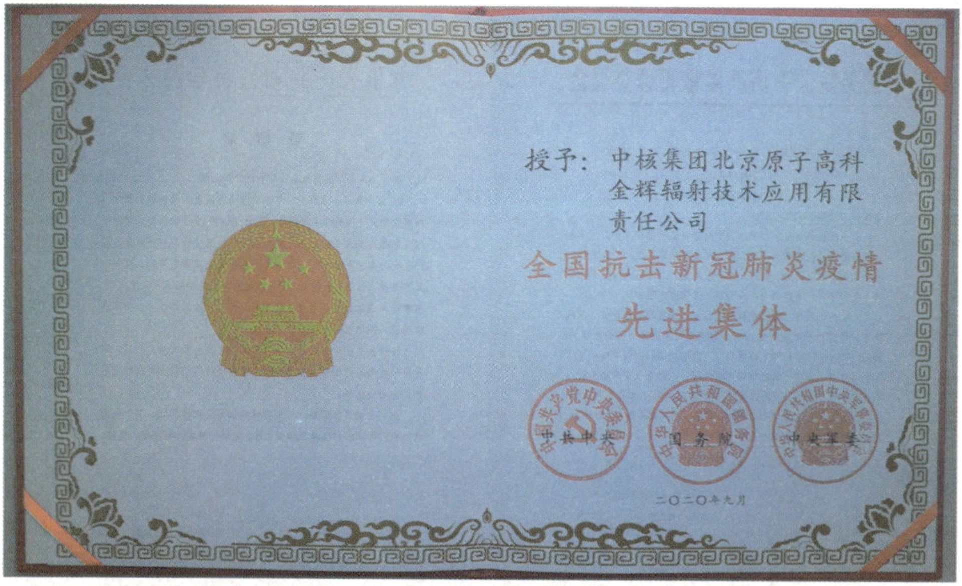

金辉辐射获“全国抗击新冠肺炎疫情先进集体”称号荣誉证书

【抗疫的故事】

金辉辐射　号角响起　竭力以待

金辉辐射依托中国原子能科学研究院的雄厚科技实力，秉承中国原子能科学研究院的优良传统，以企业管理模式激励公司全体人员锐意进取、敢为人先。目前，金辉辐射拥有 10MeV、20kW 大功率辐照加速器和钴 -60 γ 辐照装置，以辐照装置设计建造、辐照试验、辐射辐照产品加工为主要业务方向。辐照装置设计建造包括钴源辐照装置、辐照加速器等的设计建造；辐照试验，即材料考验服务及产品辐照质量检验，出具准确的剂量报告，满足相关需求；辐照服务，如辐射辐照产品的加工服务等。金辉辐射致力于辐射技术应用及相关科技领域的产品研发，以推动非动力核技术应用的产业化发展，最终实现经济效益的提升。

回顾金辉辐射发展历程不难知道，当国家防疫工作迫在眉睫之时，金辉辐射能响应党和国家的号召，迎难而上，勇挑重担。仅在2020年2—5月这三个月时间内就完成了全国20%一次性医疗物资的灭菌任务，其中仅单一次性医用防护服一类物资就达到217万余套。为表彰金辉辐射在疫情期间的突出表现，2020年9月8日，在人民大会堂召开的全国抗击新冠肺炎疫情表彰大会上，金辉辐射被授予“全国抗击新冠肺炎疫情先进集体”的光荣称号。

在中华民族迈向伟大复兴的壮阔征程中，多少慷慨壮烈、多少不屈不挠，每当危急时刻，总有人挺身而出，担当起中华民族在艰难中奋起的重任。他们虽然是一群凡人，不都是力挽狂澜的英雄，但正是这些凡人跟英雄一样代表着这个时代。

嘘，他们的故事开始了！

刻不容缓　临危受命

2020年年初，一场突如其来的新冠肺炎疫情在湖北武汉爆发，并迅速蔓延至全国。一夜之间，各地各城封路锁城，各家各户关门闭窗，原本红红火火过春节的热情瞬间熄灭，人人自危，谈“疫”色变。

1月下旬，随着疫情形势的日益严峻，各个地区新增病例急速上升，湖北武汉尤为突出。一方有难八方支援，全国各地、各类组织纷纷组建医疗队、志愿团连夜奔赴武汉。三军未动粮草先行，大批医护人员支援武汉之际，一批批医疗物资也提前发往武汉，然而无论是防疫人员所需的防护服，还是普通民众必备的口罩，在面对不断增长的需求时，供不应求。洛阳纸贵，各地频频传出医疗物资告急的消息。

一石激起千层浪。

医护人员奔赴抗疫前线，深入隔离病房，隔离衣、防护服、护目镜等就是“战斗的武器”；对于普通大众而言，口罩同样也是隔断传染的“保命武器”。然而，物资需求的增长、生产能力的不足、灭菌技术的落后，使得防疫物资的缺口不断扩大，一度造成混乱的局面。

面对日益严峻的形势，党和国家就疫情防控工作作出重要批示，要求必须高度重视疫情，全力做好防控工作，各级党委、政府及有关部门要把人民群众的生命安全和身体健康放在第一位，采取切实有效措施，坚决遏制疫情蔓延势头。

一时间，一场“与时间赛跑，与病毒抗争”的疫情防控狙击战轰轰烈烈地开始了。

“为了节省医用防护服，奋战在一线的医护人员尽量少喝水、少吃饭、少去卫生间，这令我们十分感动，也是对我们工作的鞭策。"这是金辉辐射党支部书记康四清最常说的话。

康四清时刻关注着疫情的发展情况，每日必先查看疫情资讯、研究疫情地图、分析疫情发展规律。从每日变化的数据中，康四清隐隐察觉出，医疗物资必将是影响防疫工作开展的重要一环，其中医疗物资灭菌更是重中之重。危难时刻显担当，康四清即刻表示金辉辐射务必做好春节期间连续奋战的准备，要响应国家号召，全力保障防疫医疗物资灭菌任务；同时他联动各个部门、组织人员迅速建立防疫保障方案和突发事件处理预案，并依据方案对金辉辐射所有员工做了详细的安排和部署。

越是风声鹤唳的时候，越是见人心、显担当的时候。康四清知道，属于他们的战斗正式开始了。

现实刻不容缓，他们必须放手一搏！

制约瓶颈　全力克服

号角已然吹响，全国上下，千军万马共同抗疫。

如果说，在这场没有硝烟的战斗中，医生护士是冲锋陷阵的将士，那么如康四清、曹立安、齐亚楠等则是保证武器充足供应的后勤兵。虽然真正的战场上没有他们的身影，但将士们的"武器"就是他们"冲锋陷阵"的见证。

而他们的具体工作，就是打破医疗物资灭菌周期长的制约瓶颈，压缩通向终点的“最后一公里”。

工信部消费品工业司副司长曹学军表示，随着疫情扩散，各地医疗物资需求激增，最紧缺的是医用防护服。虽然医用防护服产量已经从1月28日的0.87万套上升到2月4日的3.16万套，但仍然难以满足当前的防疫救治需求。2月7日，湖北对防护服的最低需求是5.94万套，总供应仅为4.85万套，还有1.1万套的缺口。

2月8日，中国纺织工业联合会最新数据显示，国内已有60%的医疗卫生用纺织品企业开工复产，医用防护服日产量超过4万套，并且随着国内大批企业继续复产、相关企业转产，这一数字还将继续攀升。

医疗物资的产能是足够大的，可问题是能投入使用的防护服却一直是库存防护服。为什么已经生产出来的医疗物资迟迟不能抵达一线？归根结底就是生产出来的医疗物资必须经过长达7~14天的灭菌环节，这就是新医疗物资抵达终点的“最后一公里”。

“打通产能最后一公里，免费为‘战衣’辐照灭菌”，这便是金辉辐射的信念。

在新型冠状病毒感染的肺炎疫情联防联控工作机制下，在国家工业和信息化部、国家药监局、国家卫生健康委专家详细研究与审议下，通过全国消毒器械标准化技术委员会、全国生物防护产品标准化归口单位投票，《关于疫情期间执行医用一次性防护服辐照灭菌应急规范（临时）的通知》（以下简称《应急规范》）正式通过。

《应急规范》明确了“采用辐照（钴-60或电子加速器）方式对医用防护服进行灭菌、采用新技术大幅缩短了灭菌工艺周期。目前国标医用防护服生产大多采用环氧乙烷灭菌，需要7~14天时间。而辐照灭菌已在食品、医用手套、样本采集器、采血器、医用泵头、检验泵等产品上广泛应用，安全性已得到充分验证，灭菌时间可控制在1天以内。综合测试结果显示，经钴-60或电子加速器对防护服及口罩进行辐照灭菌，灭菌效果与传统环氧乙烷灭菌效果相当。”——可见辐照灭菌是加快医用防护服灭菌效率的最有效手段。而作为辐照行业领军企业，金辉辐射就是全国仅有的三家具备设计建造资质的公司之一。《应急规范》同时要求，经辐照灭菌的医用一次性防护服必须出具产品性能、微生物含量、辐照吸收剂量三大类指标检测报告。这就要求金辉辐射必须兢兢业业，毫不懈怠地做好辐照试验工作。虽然程序复杂、过程繁琐，但辐照灭菌措施的应用，无疑对缓解前方医院ICU医用防护服严重紧张局面起到了非常重要的作用。

国务院应对新型冠状病毒肺炎疫情联防联控机制医疗物

资保障组印发了《关于疫情期间执行〈医用一次性防护服辐照灭菌应急规范（临时）〉的通知》，文中指出采用辐照（钴 -60 或电子加速器）方式对医用防护服进行灭菌，达到相应条件的可判定为合格的医用一次性防护服，在有效期内可进入重症隔离防护病区（房）使用。

有了《应急规范》和《关于疫情防控期间执行〈医用一次性防护服辐照灭菌应急规范（临时）〉的通知》之后，金辉辐射团队在辐照灭菌工作上便更有底气了。康四清即刻开展行动，迅速发布复工复产信息并着手安排辐照试验工作。

2 月 8 日，金辉辐射接到国家级领导要到中核集团在京的辐照企业进行调研的通知，立刻安排齐亚楠等人返回公司。

正值春节期间，金辉辐射整个厂区一片安静。齐亚楠接到消息后，即刻前往公司对厂区进行全面消毒。看着蓄势待发的厂区，齐亚楠突然意识到风雨将来，他们的“战斗”即将打响。在齐亚楠等人做好准备工作后，国家市场监督管理总局局长、党组书记肖亚庆，国家药品监督管理局局长焦红等在中核集团相关领导陪同下，走进了金辉辐射的厂区。

他们一边听取疫情防控工作汇报，一边考察中核集团对医疗用品进行辐照灭菌的相关情况。

随后，这场属于金辉辐射的“战斗”，正式开始。

康四清组织了一场临时性动员大会，对具体工作进行系统地“排兵布阵”。“现在想想，当时的动员大会，没几个人，很多人都还在春节返京路上，但我觉得士气还是需要鼓舞一下，我一说完，所有人都高昂地回应。”康四清说。

“当时虽说是春节假期，但我一听说复工复产，便第一时间赶来，那时我觉得给我往前冲的最大动力，不是说我是金辉辐射的员工，或者我有多无私，而是我觉得我是个中国人，可以出份力，仅此而已。”在王妍玲看来，能为疫情前线出一份自己的力，很好，真的很好。

“康总通知我的时候，当时其实一瞬间是懵的，因为那个时候疫情其实已经很让人恐慌了，可不知为何，我就觉得复工复产就是自己应该做的。后来，说是有国家有关部门领导要临时来厂里视察，我就自告奋勇先去厂里打扫卫生、开灯等候。其实当时并没有想那么多，就觉着这是我应该做的。”齐亚楠回忆起踏入漆黑厂区，开灯时那一瞬间的自豪感。

然而，很多事情来得突然，复工复产流程、手续并没有规范起来，所以齐亚楠在没有测量体温等预防措施的情况下，第一时间复工、进入工作间，这同样也引来“不合规矩”的质疑和说法。面对这些微词，齐亚楠心里是有些许委屈的，第一时间复工的她只是想把工作尽快开展起来，可没想到引来了不好的声音。“难受肯定是有，但没一会儿也就过去了，因为心里想着更重要的事情。幸好，后面复工的预防措施、工作流程也都建立并规范化了，可以更加专心地做工作。”

开始规范化防控疫情后，温度计、洗手液等紧缺物资已无处采购，复工复产的员工们积极奉献，纷纷把家里的物资带来。正所谓危难之处见人心、紧要关头显担当，这是金辉辐射员工的精神体现。

员工基本的安全保证，是复工复产的前提。除了测温计、洗手液外，酒精、消毒水、口罩等物资也需要准备好。于是为了筹齐这些物资，人高马大的赵连柱开车跑遍北京城的各大超市。购买限量，就分次购买，结果还闹了笑话：当他第九次去结账的时候，工作人员笑着对他说，你这人，太明显了，我都记住你了！赵连柱尴尬地挠挠头，憨憨笑着离开了。离开后的他也并没有放弃，立即准备转战下一家超市。

沧海横流，方显英雄本色。面对金辉辐射员工的积极、无私，康四清心里说不出的感动。一个团队，越是困难的时候，才越是考验凝聚力的时候。

金辉辐射“战斗”的第一步就做得干脆利落、大义凛然，这无疑是一个极好的开端。然而，打通这“最后一公里”的过程，也是整个团队摸索着前进的过程。这个过程，困难重重，充满未知，可康四清率领的这支队伍，直面已知的困难和未知的坎坷，势要扛起任务——采用辐照灭菌技术代替传统的环氧乙烷灭菌，将时间从原来的 7 ~ 14 天缩短到 1 天以内，并且保证辐照灭菌与传统灭菌效果相当。

辐照灭菌，是核技术应用的一个方面，金辉辐射虽已从事辐照工作多年，从未真正接触过一次性医用防护服的灭菌工作，也不具有完善的工作规范和标准。因此，在正式大规模、大批量辐照灭菌一次性医疗物资之前，摆在康四清他们面前最紧急的难题就是制定临时规范与标准。

“这个任务，我们必须扛起来，关乎民生，关乎每一个人。缩短灭菌时间，我们必须攻克这一难题。”“只要能把医生保护好，百姓就放心了。我们的工作是国家的需要。”康四清措辞激昂。金辉辐射党支部牵头，各个部门积极思考献策，摸索出一条能够建立大规模辐照灭菌规划与标准的最快途径。

考虑到防护服辐照可能对防护服材质产生损伤影响防护性能的因素，他们齐头并进：专人负责办理生产许可手续；专人负责联系、安排现有生产条件下防护服样品制作；技术人员开展防护服样品不同剂量的辐照实验；检测与验证专员进行防护性能、微生物指标、辐照吸收剂量的检测验证。

“不同的厂家，所使用的原材料不一样，每个防护服的性能也不太一样。辐照灭菌之后，有些性能有所改变，所以我们得边摸索边前进。”对加速器的运行最为熟悉并最有话语权的生产部经理徐硕提出了自己的想法。

在辐照试验前，康四清、曹立安等人预先判断接下来会遇到的困难，并制定完成对应对策。可正式开始的辐照试验还是没有想象中的一帆风顺。在实践中才发现，那些以为不是问题的问题，反而牵绊住了试验的进度。

比如，新兴际华3502、3543、3534陆续送来防护服小样，样品数量过少，送达时间也不固定，并且需要辐照灭菌完即刻拿回厂家去做进一步分析与检测。对于上述情况，金辉辐射立刻做出相应调整——针对试验样品少，时间不固定的问题，全员分组分批24小时不间断试验。

“及时服务，到厂即照，不推脱，不延缓。”这是康四清当时一直跟团队叮嘱的话。

在2020年2月2—10日这几天时间里，新兴际华3502、3543、3534陆续送来并开展辐照试验的防护服小样近4000套。辐照试验技术骨干一马当先，认真研究制定试验方案，不惜一切代价，不推脱，不延缓，采取10kGy、15kGy、20kGy、25kGy四个递次剂量开展辐照，不断与厂家追踪沟通、对比检测结果，在防护服防护性能、微生物指标符合要求后，确定同等批次的辐照工艺参数。金辉辐射终于完成了从前期的慌乱到后期的有条不紊的蜕变，康四清一直紧皱的眉头也终于有了舒缓。

试验阶段的结束，也意味着批量化辐照灭菌的成功实现，制约医疗物资紧缺的瓶颈终于被打破。

以康四清为首的金辉辐射团队，凭借一股不断奋进的决心，彻底打通辐照一次性医用防护服道路上的“最后一公里”！

辐照灭菌　各显身手

谨慎细微的试验阶段宣告结束，“战斗”进入高潮。

“我愿意深深地扎入生活，吮尽生活的骨髓，过得扎实、简单，把一切不属于生活的内容剔除得干净利落，把生活逼到绝处，用最基本的形式，简单，简单，再简单。”作家梭罗曾在名作《瓦尔登湖》里如此描写到，而这句话用在金辉辐射团队每一个人身上，再合适不过——他们深深扎入工作，当以为自己被逼到极限，结果用最原始的方式，将工作推到了更高、更远的地方，而自己的生活，则变得再简单不过。

“真希望我有四条腿，这样跑起来快，能节约出吃饭的时间。”齐亚楠马不停蹄地工作。

正式开始大规模辐照一次性医用防护服工作后，曹立安负责现场流程和人员的指挥调配。

“当时一共就大概 20 个左右的工作人员，十分紧缺，所以只能白班、夜班轮流上。白班是早上 7 点到晚上 8 点，晚班就是 8 点到第二天 7 点。当时整个团队都是咬牙在坚持，很多人后期都出现极度疲惫的状况。我心里难受着急，可又无可奈何，只能不断鼓励他们，给予他们必胜的信念。”

其实在前期复工之时，曹立安已经考虑到每个员工的家庭，暂不安排特殊情况的员工复工。所以在每个工作安排的背后，都是曹立安的用心和关心。

前期的排班出现了各种意外，比如有时候生产量确定了，到厂时间不确定引起空班的出现，浪费人力资源。面对这些意外，曹立安随即改变排班方式，以物资进入厂区的时间为准，提高工作效率。

然而作为指挥人，曹立安自己身体又何尝没有问题呢？他咬紧牙关，默默坚持。由于忙碌疲惫，一直患有痛风的他，痛风发作了。可即便痛到一身冷汗、全身颤抖，甚至拄着拐杖走路，他仍然坚持在自己岗位。

一个人一个岗位，少了哪一环，都可能导致任务线中断，曹立安当然不希望这样的情况出现。脑海里支撑他的唯一信念，就是“多照一件是一件，多一件，前线医护人员就多一份保障”。

这样一份信念，使曹立安迸发了无穷的潜力和毅力。他忍耐着身体的疼痛，兼顾着辐照灭菌各项指挥、统筹的工作，休息之余还要去医院照顾 80 多岁的母亲，辅导高中在读的孩子。

这就是信念的力量，也是核工业人精神本质所在。

“我只是想到每一个人都不容易，我自己能坚持的就自己做，不麻烦别人。”很多同事见到曹立安这种身体状况，也纷纷劝他多休息、保重身体。工作的事，他们帮忙分担，很多工作能做的就继续做，谁也不计较到底谁干得多、谁出力得少。在这样的时刻，最让曹立安感动的是，无论大家多累多苦，但只要谁遇到困难，其他人都二话不说主动帮忙分担，只为了保证这次任务能顺利完成。

优秀的人总能互相影响，曹立安带着最大的善意对待他人时，他人亦能感受到力量，如此便施以同样的善意。这样的团队，无疑是最有凝聚力的。

守护好“战衣”，大概是金辉辐射团队当时最大的信念。这份信念，也体现在其他所有人的生活细节上。

齐亚楠是最早复工的人，家里两个小孩，二宝当时尚不满一周岁，而她忍住对孩子的不舍，在复工之后几乎以厂为家，即使偶尔回家，也因太累倒头即睡，醒来后匆匆见孩子一面，便又出门工作。

有一天，她在离去之前抚摸着孩子们因睡觉而凌乱的头发，默默地告诉孩子们：“快了，快了……妈妈是在前方打怪兽，等打赢了就回家好好陪你们。”齐亚楠快步走出家门，不忍再多看一眼。

身为市场部经理的她，每天都要与各个生产商沟通交流，为他们答疑解惑。很多时候，她这边电话开始正在跟一家厂商交流，另外一家厂家便“蹬蹬蹬”跑过来，找她现场沟通技术问题。

很多同事也会调侃她：“你看我们小齐身后，总有五六个男人追着她跑，人气真是高啊。”说完，大家“哈哈”笑出了声音。

“有些电话那头的问题跟现场的问题差不多的，我就正好一次性交代清楚。于是就出现了一个隔着电话，一个站在我对面听我解释的情况。这种事情，经常发生。”一天下来，口干舌燥是经常的，甚至嘴唇会裂开，但是要服务好每一个厂家。其实也并不是不想喝水，而是她实在没有时间去喝水。

“我们在最开始做过时间估算，根据机器能达到的辐照量，估算辐照完成实际量需要 26 个小时。一天才 24 个小时，我们每天都欠缺 2 个小时的辐照量，所以只能抓紧一分一秒，加快速度。”

对于齐亚楠来说，再苦再累，这些工作都是自己该做的，这些经历是自己的宝贵经验。可她最大的收获与惊喜，是在疫情期间，深受公司党支部党员榜样的影响，火线入党，成为光荣的一分子。

“我觉得，这是对我工作最大的认可和肯定。现在回忆，当时的一些劳苦重担，又算得了什么呢？”齐亚楠欣喜地说。

根据《应急规范》的要求，“凡采用辐照灭菌方式生产医用一次性防护服的企业，应在每件医用防护服外包装上粘贴特殊标识，提供符合产品放行要求的检测报告，并确保每件产品符合《应急规范》及相关质量标准的要求。”

金辉辐射在完成每一样医疗物资的辐照灭菌后，都要在外包装箱指定位置粘贴辐照标签。综合部的王妍玲便是打印标签、盖合格章的负责人。

每次康四清在厂区巡视时，都能在楼梯口听到“咣咣咣”的声音，就是王妍玲为辐照完成的一次性医用防护服需要粘贴的辐照合格证盖章的声音。

对于王妍玲来说，这次复工也是她人生一次宝贵的经历。

在复工刚开始那几天，也是疫情最令人恐慌的时候，她每天上下班进出小区的时候，保安大哥总是盘问许久，再放她进去。

“你怎么又出去了？”保安大哥一如既往的警惕。

“复工了，我在一线嘛。”王妍玲丝毫不介意对方的态度。

后来王妍玲所做的工作渐渐被周围人熟知。虽说也会被误认为是生产防护服的，但无论是哪个环节，所有人都清楚的一点就是她在为抗疫工作努力奋斗。所以包括门口保安大哥在内，对她的态度都发生了变化。下班进小区，保安大哥远远地打招呼："你辛苦了！"然后做完检查的工作，痛快地让她回家。

从原来的警惕到后来的尊重，是王妍玲因工作得来的收获。

摆在王妍玲眼前的工作琐碎且重要。因为标签日期要一一对应，所以可能已经打印完成的标签，却因为医疗物资无法抵达，而需重新打印。

还要把每一箱照好的医疗物资都贴上合格的辐照标签。物资又是就地而放的，贴靠近地面的医疗物资箱子时，人就得蹲下去，远离地面的箱子又得踮起脚——一天这样蹲下、站起、踮脚来来回回，其辛苦程度可想而知。

"累是必然的，但我知道每一个战友都累。就如亚楠，她有时候刚跟客户沟通好，有那么几分钟空闲，就跑来跟我们一起贴标签，能贴一个是一个，帮我分担工作。我除了自己这些工作，其实还有其他的书面报告，比如整个团队每天的日报，数据的上报……而且面对员工因疲惫等原因的情绪低落，我要及时观察并抚慰他们的情绪。"

的确，到了工作后期，每个人的身体都绷到极限，但是每个人仍在认真地干着活。

"有时会出现有说不上来的低落情绪，尤其在凌晨脆弱的时候，我就会坐在床上大哭一场。也不是软弱，就是想要发泄一下，哭完就觉得神清气爽，第二天又精神饱满出门上班去了。”这是她独特的满血复活的方式，在工作中她永远把最积极向上的一面展示给其他人，只有自己有正力量，才能传递给其他人。

贴标签时还会出现很有趣的现象，贴标签的人的头发上、身上、手上到最后都会被胶水弄得白花花，远远看去就像一个个白发老人穿梭在忙碌的厂区里，健步如飞地干活。

仓库保管员杨丽平的工作，需要细致再细致，尤其是对着货物交接单核对进出的物资数量。因为仓库人员十分紧张，所以杨丽平几乎一个人扛起了所有的工作。物资到厂，她立刻上前去帮忙卸货，然后登记、核查。有辐照好的物资，需要装货运输出去，她也立刻登记、核对好数量，再帮忙装货，做好入库、出库的登记……看似简单的工作，其实很繁杂。因为每一个生产商的物资批次不同、数量不同、目的地也不同，必须做好分类工作，并且不允许出现误差。所以，每天凌晨四点，杨丽平便已经等在厂房门口，准备接货。然后根据批号分类、分层次，甚至有时候分优先紧急顺序。

很多事情，涉及如此多的数据，总免不了有差错。一次，康四清突然接到杨丽平的电话，电话那头被大家称为“杨姐”的她，哭得说不出话来。

康四清立刻耐心地引导她，问她发生了什么事情？电话那头只有哭声，后面哽咽地传来断断续续的话语："康总，我犯错误了……昨天有一个入库的……数据我统计的时候……好像有误差，我算了下，跟出库的对比，大概少了几十套，是我自己的失误才导致的……康总，我犯错了……"说到后面，康四清大概明白了，迅速安慰她：没事，没事，入库的数量有误差，我们及时核对修改，但我们一定要确保物资全部送到医护人员手上。

康四清就像个耐心的家长，轻声细语地分析着问题和想着解决办法。"做思想工作，我们首先就是要充分理解对方的心情和问题发生的缘由，要跟对方站在一条线上，而不是在对立面看她。要'听到、看到、做到'，不然，就只会批评和埋怨，这种方式的思想工作肯定是行的。"对于做员工的思想工作，康四清一直有着一套属于自己的理念和方式。

听完康四清的一番话，杨丽平才情绪稍微平复点，深吸了几口气，对着她说："谢谢康总，我就是在开车的时候，突然想到这问题，心里特别自责和难受，那我先去工作了。"听着她略显轻松的声音，康四清还是决定去仓库看看实际情况，面对面地安慰，也许会让人更加放松。

杨丽平全身心投入工作，在辐照灭菌工作告一段落之时，突然发现自己的膝盖特别疼，经过检查才发现膝盖已经严重积液，需要尽快救治。而她，一直以为这样的疼痛，是因为太累的原因导致的，也就没特别注意。直到真正休息下来，她才向康四清请假，去医院接受治疗。

所谓的"全然忘我"，也许是对杨丽平这段经历的最好诠释。

加速器辐照部经理徐硕在整个辐照灭菌期间，一直对机器提心吊胆。金辉辐射如今辐照灭菌使用的机器是2007年生产大功率加速器，这台设备已经使用了13年。

"13年的使用年龄对加速器而言，相当于人类70岁高龄。通俗地讲，这台机器年轻的时候没怎么出过力，到了现在比较老的时候，反而要大出力，如此24小时全天不间断地工作，让我非常担心它出问题、'闹脾气'、罢工，这台加速器确实老了，有些零部件如果坏了，得回生产商定制。这样一来一回，差不多要两三个月，等机器修好，工作也就晚了。"

于是，徐硕每天的工作，必是要仔仔细细、360度无死角地认真检查加速器的运行情况。如果大家每天是为守护好"战衣"，徐硕则需要每天守护好"机器"，确保它能正常地工作。

这种不知道机器什么时候就会突然罢工的不确定性，让徐硕每天都保持着高度的紧张，做好一切应对突发情况的准备，防患于未然。

……

在疫情期间这段特殊时期，吃饭成了不得不提的一件"大事”。刚开始复工复产的时候，金辉辐射厂区周边的餐馆几乎都关着门，于是赵连柱开始了“打游击战”式的订饭任务。

发现有一家餐馆开着门，赵连柱就跟餐馆老板隔着围墙进行沟通。老板答应接下来每天中午准时做午餐，赵连柱他们来拿……终于解决了前期吃饭的问题，赵连柱也暂时松了一口气。

于是，就经常发生这样一幕：赵连柱隔着围墙，一袋一袋地接过从里面递出来的餐饭，清点好数量，再付钱给老板。还好赵连柱人高马大，才能让这“事儿”都不叫“事儿”。

接连一段时间，赵连柱意识到不能总让战友们吃同一种口味的饭。于是，他又开始新一轮的思考，要再花点心思，弄点不一样的给大家吃。后来，他跑了很多地方，找了几家固定的糕点和餐馆，让同事们可以在面条、包子、米饭上自行选择。

订饭其实是一项技术活儿。不仅要考虑每个人的口味，要考虑卫生、营养，最好还可以有花样。“民以食为天”“人是铁，饭是钢”……自古以来，吃饭便是头等大事，赵连柱对这件事也不敢马虎。

每天早上 8 点上完夜班，他就稍微眯一会，10 点钟左右就开始确定吃饭人数。人数确定完毕后，开始订饭。订饭工作安排妥当之后，他开始考虑同事们工作这么忙碌，到下午的时候会不会肚子饿，或者夜班的后半夜会不会肚子饿？

于是，他找王妍玲一起在厂区角落里开辟了"能量加油站"，存放面包、零食、功能饮料等各样小食物。有些同事还特别做了小小的海报，上面写了"武汉，加油！金辉，加油！"等字样。这大概是对每一个人身体和心理上的无声鼓励吧！

"我们只能在时间的碎片中爱和思考，每一块碎片沿着自己的轨迹运行。"这轨迹，也让他们的生命状态发生了变化，变得更强、更好、更黏合。

金辉辐射团队的每一个人，都是在自己岗位上，说着最质朴的话，做着最平凡的事，但他们的形象却熠熠生辉。

质检部员工肖茜在生产一线为已经辐照完成的一次性医用防护服粘贴辐照合格证。由于巨大工作量带来的高强度的蹲起蹲下，她的腿开始静脉曲张，走路姿势非常怪异，有些地方还出现了过敏性紫绀。所有人都劝她休息，她看着还没贴完合格证的堆满仓库的医疗物资淡然一笑，轻轻地说："没事，我还能坚持住。真不行我会休息的，大家别担心。"说完，便又去忙碌了。

加速器生产部员工韦光晨上完夜班，实在太累时，便在厂区随便找个角落窝着睡一觉。康四清有几次看到了，实在心疼，便让他注意身体。他只是淡淡地说："没事，工作本来就是我该做的。在厂里眯一觉人就精神了，要是回家，路上还得折腾耽误时间呢。”

工程技术部经理高冬彬在凌晨五点完成抗辐照中心创新基金项目年度总结报告后，立刻发给康四清审核。

员工庞学利一直在一线开叉车，负责防护服运输工作，为同事们减少物资搬运的压力……

在每个人都愿意吃苦耐劳的工作氛围里，他们最为开心的一刻就是看着有车载着物资进厂，有人说一句：“嘿，车来了呢！”把物资卸下来，开始进行辐照灭菌工作，大家想着都是“今天能把这些照完吗？能发走吗？”当看到物资再次被装上车，缓缓离开厂区时，大家又特自豪：“哈哈，发走了！”每次车辆一来一去的时刻，便是团队每个人最为期待和骄傲的瞬间。

这些话语、行为在每一个工作岗位上都极为平凡，但却也因为平凡而可贵，而动人，而难忘。

事实上，在平凡的工作中，还有更多在闪烁的火花，如为了保证课题完成自发加班加点；为了不影响辐照在春节前完成而进行的钴源辐照装置控制改造；为了完善控制程序而自发组织的突击加班；为了克服疫情初期抗疫物资紧张而贡献私人的测温计；为坚守岗位而忍受的身体上的疼痛；因为特殊情况不能返岗而感到的愧疚；以公司为家主动开展各种基础设施维护维修……

火花闪闪、能量满满。

这样的故事，背后还有许多许多；这样的故事，如今依然不断演绎。诗人里尔克有言："以深深的谦虚与忍耐去期待一个豁然贯通的时刻，这才是坚持的动力，无论是理解或是创造都一样。"每一个忍耐到最后的人，每一个坚持到底的人，都是能在这场战斗中豁然贯通的人。他们受苦、坚忍，他们也创造、获得。

"金辉辐射所有员工都在积极为疫情防控工作和一次性防护服辐照工作贡献力量，全公司在一线工作人数最多时达 28 人，占公司总人数的 82%。钴源生产部、综合部、质检部、工程部等部门员工充分参与，或搬货，或盖章，或贴签，到生产中去，争着抢着干工作，不怕脏，不怕累，用大家的话说，我们多干点，我的白衣天使就多一份保障。"康四清说起团队，脸上浮现着大家长的自豪感。

于他自己来说，那段时期也是艰难的时期。也许，他并没有一直在辐照一线，可他每天坐镇在厂里，肩上扛着"保证任务的完成"和"保证员工的安全"双重压力，定决策，把方向，对接客户，统筹考虑，成为所有人的后盾。

员工的自身安全，是康四清当时非常担心的。正所谓保护好自己，才能贡献出最大的战斗力量。于是康四清每天都要巡查厂区的卫生安全、消毒情况，也要絮絮叨叨地叮嘱员工忙归忙，任务归任务，自己的身体还是要注意。

“康总那会儿就像我们的‘碉堡’，有他在，就感觉自己做任何事都有底气。凡事他能兜住，我们就负责往前冲。”当说起康四清，团队的每一个人都是非常心安。

这就是一个人的“能量场”。虽然大家都会因疲惫而低落，会因劳累而瘫软，但当所有人都在这个“场”里，时刻有这股能量的加持，他们永远是好汉。

在这样的工作氛围里，大家一心工作，有时会忘记时间，忘记日期，只想着踏实地将当下的工作做完、做好。

正因为整个团队拧成一股绳，昼夜不分地战斗，金辉辐射迎来了第一个历史性时刻——2 月 12 日下午 13：30，首批批量上万件的一次性医用防护服已经完成辐照灭菌，整齐地摆放在厂房外，等待运走。这批次产品包装上清晰贴有“辐照灭菌”字样，并已经贴上了辐照合格证。从早晨 7：00 多物资运抵卸货，到这一刻全部完成辐照灭菌整装待发，仅仅过去 6 个小时。

他们终究靠着团队的力量，发挥辐照技术的绝对优势，国家危难之际，肩负起这医疗物资最后一公里“打通者”的使命，坚守在辐照灭菌一线，真正以钢铁般的意志、以屹立不倒的信念扛起了这份紧急任务。金辉辐射每一个人都在其中各显身手，即使每个人的背后都是难以言说的苦闷和艰难的生活困境，但这些困难在紧迫的疫情面前，都不算什么。

一如王妍玲说的："促使我们全力以赴、竭诚以待的，不是因为我们是党员，也不是因为我们是干部，而仅仅是，我们都是中国人。"

也如齐亚楠所说："当时所有人不计较这么辛苦，加班加工作点，我们能得到什么，能有奖金吗，有补贴吗……大家都不在意这些，因为本身我们的任务的前提就是免费提供辐照灭菌服务，因此我们更注意的是怎样做到不浪费。比如有时候刚把一大堆标签打印出来，结果被告知物资当天不能抵达，那打印出来的标签就都浪费了，看着十分心疼。所以说，我们这么拼命想出色完成任务，是责任使然，而不是荣誉在驱使。"

百米跑道　照出底气

谁能想到，这么多轰轰烈烈、惊心动魄的故事，竟然是发生在一条"百米跑道"周围呢？

金辉辐射公司进行辐照灭菌的厂房并不大，而完成整个灭菌过程的区域就是一条100米左右长度的传送带——这几乎和首都机场航站楼内的一条行李传送带的长度相当。

一箱箱防护服、医疗器械被紧挨着并排放置在传送带上，15 分钟跑完一个 100 米，箱子翻个身，再跑一圈……如此循环往复，周而复始。这条生产线 1 小时的辐射灭菌能力在一百多箱，按每箱装载 30 件防护服计，24 小时开工计算，一天可完成 10 万件左右的一次性防护服的灭菌工作。

辐照灭菌最大的优势在于常温下、产品完好包装情况下可以实施深度灭菌。

“根据箱内产品辐照剂量的要求，大概 4 ~ 6 圈之后，产品的灭菌任务就完成了。”康四清说。

医疗卫生健康一直是辐照技术最重要的应用领域之一，尤其是医疗用品的消毒灭菌。目前核技术应用较为发达的欧美国家超过 40% 的医疗用品采用辐照技术消毒灭菌，而在我国仅占到 10% 左右。

辐照灭菌技术是国际上普遍认可的先进、绿色技术。“安全、环保、高效、可靠”这八个字用来概括医疗设施辐照灭菌的优势，最恰当不过。首先是安全，目前食品的灭菌与保鲜、医疗产品的灭菌很多是通过辐照方法完成的，辐照产品已经广泛应用到人们的日常生活中。针对辐照加工，国家也出台了各种标准，只要严格按照标准执行便可确保安全。其次是环保，辐照灭菌是一个物理过程，是绿色环保的消毒灭菌技术，在整个过程中没有废水、废物和化学物质排放，产品不会产生化学残留，洁净环保，无污染。再次是高效，辐照过程简单高效，灭菌速度快，灭完菌后的产品开箱即可使用。最后是可靠，辐照灭菌产品是在不破坏包装的情况下实现的，这种方式不会产生二次微生物污染。

在本次疫情中辐照灭菌所起到的作用远不止于此。自2020年1月27日起，中国同辐旗下所有辐照灭菌企业，免费为运往武汉地区用于疫情防控的紧急医疗用品提供辐照消毒灭菌服务，并同时为其他地区疫情防控医疗用品提供优先、高效的消毒灭菌服务。截至2020年2月7日，中国同辐旗下华东辐照完成35万副医用乳胶手套灭菌、张家港华康完成150万副医用乳胶手套灭菌、金辉辐射开展防护服辐照灭菌验证试验共计4000套、长春辐照辐照用于抑菌的中药饮片共计2000公斤。

可是，为什么此前这一方法未被用于一次性防护服灭菌？

康四清认为："应该说一次性防护服生产企业对辐照技术的逐步认识过程。由于传统的环氧乙烷灭菌方式成本相对低廉，对防护服的材料性能要求不高，对新技术、新工艺的需求不高，同时辐照灭菌对材料的耐辐照性能有一定要求。通过充分的试验验证，目前的辐照灭菌工艺完全达到了《应急规范》的要求，满足了防护服灭菌需要。我们期望随着产业升级，辐照灭菌的规模化应用会逐步赶上发达国家，在医疗用品灭菌中发挥越来越重要的作用。”

诚然，人对于一个新事物的接受，必然需要一个逐步认识和接受的过程。如今，辐照灭菌在食品行业已经有着重要应用，在未来也会应用于更多领域得到应用。而这大概也是金辉辐射每一个人内心的期待。

如果说黑暗让人洞若观火，那么困境则让人愈益坚强。

经过这一场战役，从试验阶段一直到大规模辐照灭菌，金辉辐射团队遇到了前所未有的困境和难题。但他们不惧困难，踏踏实实走好每一步，兢兢业业做好每一件手头的事，攻克下一个又一个的难题。他们骨子里有一种不认输的精神、不逃避的责任感、不怯弱的勇气，所以在熬过这长长的寒冬之后，他们迎来了繁花盛开的春天。

他们用汗水和努力铸就了辉煌与荣誉。

“医用防护服辐照工作的开展是在疫情最肆虐的时期，虽然大家都有着对病毒的恐惧，但是为了国家、为了武汉，都能克服困难、团结一心、勇往直前。大家不怕苦，不怕累，坚持工作，不计任何回报，没向单位要利益，讲条件。”康四清一脸激动地说。

截至 2020 年 7 月底，金辉辐射一次性医用防护服辐照总量达到 218 万套，占全国一次性医用防护辐照总量的 20%。

仅为 20 多人的团队，加上一台“上了年纪”的加速器，赢了一场漂亮的“战疫”！

这场“战疫”也受到了国家部委的关注：“国资委办公厅、工信部科技司、国务院应对新型冠状病毒肺炎疫情联防联控机制医疗物资保障组先后向中核集团和金辉辐射发来感谢信，并对我们的工作表示高度认可。”

“主动作为，彰显了大局意识和责任担当，在支持重点医疗防护物资企业增产增供中发挥了重要作用”——这是感谢信上的部分内容，而这三封来自国家的感谢信，是对每一位金辉人在这场战斗中的辛劳付出给予的肯定和鼓舞。

2020 年 9 月 8 日，全国抗击新冠肺炎疫情表彰大会在人民大会堂召开，金辉辐射被党中央、国务院、中央军委授予“全国抗击新冠肺炎疫情先进集体”光荣称号。此外，金辉辐射又陆续获得“中核集团疫情防控先进青年集体”“中核集团疫情防控先进青年”、原子高科“亮身份、践承诺党员先锋岗”“亮身份、践承诺党员突击队”等集体和个人荣誉。

三封感谢信、一个奖牌和证书，代表了国家对金辉辐射公司一次性医用防护服辐照工作的认可；上级单位的嘉奖，是金辉辐射所有人的汗水、泪水和努力拼搏换来的——这些是金辉人的军功章。

历史会铭记，国家亦不会忘记。这是金辉人的高光时刻！

人的一生，总归有这样的辉煌时候。兜头月见华如水，霎时间心明如镜。将人生付于前进的步伐里，看自己前所未有的精彩。

而如今，辉煌已就，精彩续写。

正如康四清所说："尽管我们做了一些工作，获得了一些荣誉，但这仅仅代表过去。我们面前还困难重重，公司业务受疫情影响收益减少，设备陈旧，企业要生存势必需要更大的努力。我们要做的事情还很多：安全标准化的推进、精益管理的开展、旧源的退役、钴源装置到期的延续使用评估，企业的长远规划定位以及辐照业务的拓展扩大等。"

这样一段宝贵的经历，对于每一个金辉人来说，都像是一块夯实的基石，他们站在这个坚实的基石上，对于未来，无论从思想、方法，还是业务定位上，都有了全新的认识和更高的要求。

这次"抗疫"经历，也让金辉辐射每个人切实将"守初心、担使命"放在工作首位。在未来将继承与发扬"西柏坡精神"，继续保持谦逊、谨慎、不骄、不躁的作风，一如既往地保持艰苦奋斗的作风，少花钱、多办事。

没有任何一个人想到这次任务过后会获得如此的惊喜与

荣誉，这让金辉辐射在业务定位上有了全新的调整。

金辉辐射在钴源辐照方面上，重心从辐照加工服务转移至提供试验平台服务和拓展开展材料辐照考验方向；通过平台共建、技术协作等多种方式稳定拓宽业务，内做原子能院、中国核电工程公司、中国核动力院的辐照试验供应商，外围拓展至中广核以及中核集团内其他院所的辐照试验；通过技术队伍组建、试验附属设备的配置，争取在五年内把金辉辐射打造为具有标准化认证的 γ 辐照试验应用中心。

在加速器辐照方面，金辉辐射采取避弱取强的方针，结合国内芯片产业的发展趋势，充分发挥高能电子束对电子芯片、芯片基材辐照的优势，拓展该类业务领域，开辟与钴源辐照不同的产品市场，做到电子产品和医疗产品辐照的双推动，共成长。

另外，在辐照装置设计方面，则结合重庆有友食品、重庆辣媳妇食品产业辐照应用的成功案例，向具有一定产业规模并同时有辐照需求的企业推广该做法。持续推进从服务型辐照装置向满足业界需求转变，以期带动满足产业化需求的装置建设。同时针对产品应用特点，全力推进专业型辐照装置的设计与研究。

在确定未来发展方向和具体实施方案后，康四清的心里彻底是有底了。而且这次经历也刷新了他对整个团队能力的认知。每个人都潜藏着无穷的潜力，都有着自己的小心思大格局、小核心大协作、小火花大能量、小激励大动力……

无论在曹立安、齐亚楠、王妍玲、徐硕身上，还是在杨丽平等这些在平凡岗位上恪尽职守的人身上，一眼就能看到他们的闪光点。当小心思与工作冲突时，他们以目标为主，高效开展工作；他们避免了自己不做别人做却还带想法、避免了别人做自己不做却还挑三拣四的现象。工作时彼此之间的沟通交流，也是加强合作、协助的重要途径，是加强团队合作建设、提高工作执行力的有效方法。

这些闪光点，让每一位金辉人熠熠生辉。

在未来工作方法上，康四清有着清晰的思路。如今金辉辐射人员组成一共29人，针对业务设置了钴源装置工程设计、辐照试验、辐照加工服务三个业务中层领导干部，针对管理设置了综合部、财务部、质控部和安全部。上级监管部门的要求日益严格，如果每项工作都设置专职人员，势必会导致人力资源的浪费。因此公司推行工作牵头制定的管理办法，即业务责任中层挂帅，负责组织调配全员（含高管和其他中层）开展工作。高层则实施放权管理，但要把好政策与方向，起到合理化监督与后勤保障的作用。金辉辐射通过“小核心、大协作”的方式，全面提高工作效率、达到降本增效的目的。

当然，金辉辐射的快速进步需要继续做好党建工作与业务管理的融合，这要求党员干部积极宣传，集小火花成大能量，包括思想上、工作态度上和工作方法上。一个员工正能量大了，负能量自然小了。每个员工都贡献正能量，团队力量就强了。

作为公司管理层，康四清也有着一套方法，做到管与理相结合，重在理。理顺了自然就管好了。

以"两弹一星"精神、核工业精神作为底盘的金辉辐射，在如今快速发展的高科技信息化时代里，要继续传承这两种精神，就要潜移默化地将其渗透到每一位金辉人身上。而康四清也将这种传承运用到管理工作上，即"能看到、能听到、同时能做到"。看到和听到的包括员工的努力、员工工作成绩、员工的闪光点、员工的良好言行；做到的就是在不承诺的前提下激励到位，可以是精神奖励也可以是物质奖励。做到眼中有员工、心中有员工。逐步让员工认识到"工作时能找出解决问题的方法更重要""团队更需要具有团队合作精神的人才""脚踏实地的开展工作，企业才有发展，员工收入才能提高"……通过小激励形成大动力，逐步提升公司的实力水平。

金辉辐射支部党员也要继续履行职责，发挥模范带头作用和战斗堡垒作用。

有了这一系列齐头并进的战略和决策，康四清接下来的重点工作就是将这些战术一一落实。

对于每一个金辉人来说，“抗疫”的这段经历都是宝贵的收获。这段时期成为金辉人专心、安静工作的爆发期。专心，是每一个人眼里装着工作，摆脱了任何虚名浮利的诱惑；安静，是因为拥有了经历之后内在精神世界的品质。

几个月的时光，让他们的心愈益澄明，更加清楚地了解自己究竟想要什么。也许，这对于曹立安、齐亚楠等人来说，过程虽然痛苦，但结果却是美好的。

正是金辉辐射的全员上阵，让一次性医疗物资辐照工作取得了傲人的成绩，引起了各界关注。

也许多年后，“抗击新冠肺炎疫情”对于新一代人来说会陌生，甚至不懂其真正的意义。然而，在这几个字后面是医护人员舍生的大义，是无数像康四清这样在背后默默奉献的人和敢于担当的故事。

这是时代的痕迹，亦是岁月的印记。

在“疫情”恐慌之中，这群人不分日夜、竭力以赴，为第一线医护人员护送“铠甲和武器”。

他们是时代的希望，更是岁月的英雄。

全民上阵的“大团结”，让我们在这场无硝烟的“战役”中频传捷报。

而“抗疫战斗”背后的故事，却是一代人永远的精神堡垒，时刻鼓励着我们去拥抱热烈，拥抱美好！

China Isotope & Radiation Corporation

中国同辐

大道行思　革故鼎新

中国同辐股份有限公司（简称中国同辐）是中国核工业集团有限公司控股子公司。2011 年，中国同辐在原中国同位素有限公司基础上重组设立，2018 年 7 月 6 日，在香港联合交易所成功上市。公司总部下设总工程师办、3 个专业委员会和 14 个职能部门。共有二级全资子公司 9 家，控股公司 9 家，分公司 1 家，三级子公司 53 家。

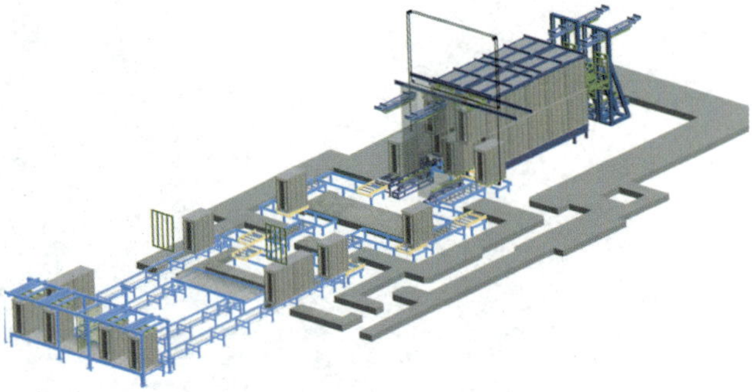

BFT 伽马辐照装置示意图

BFT 型伽马辐照装置操作大厅一角

BFT 型辐照装置控制室

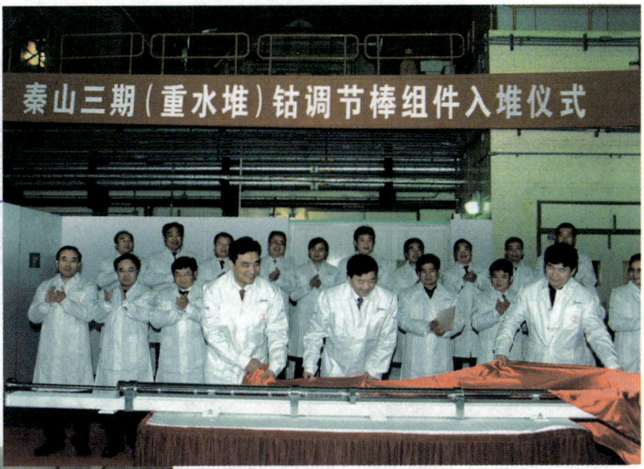

秦山三期(重水堆)钴调节棒组件入堆仪式

钴-60 放射源在水下装入包装容器

钴-60 放射源生产线

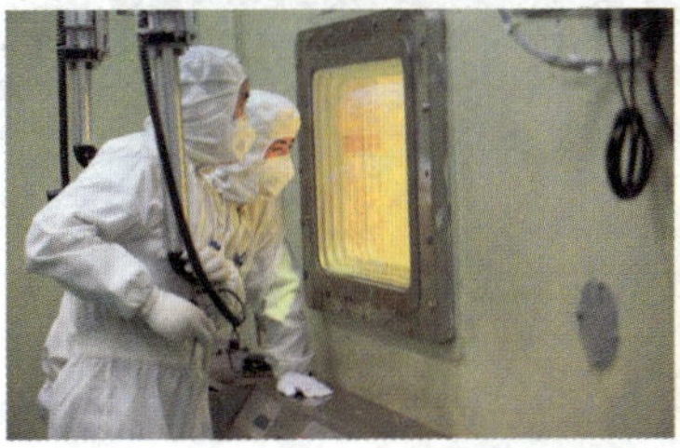

工业钴-60 放射源源架

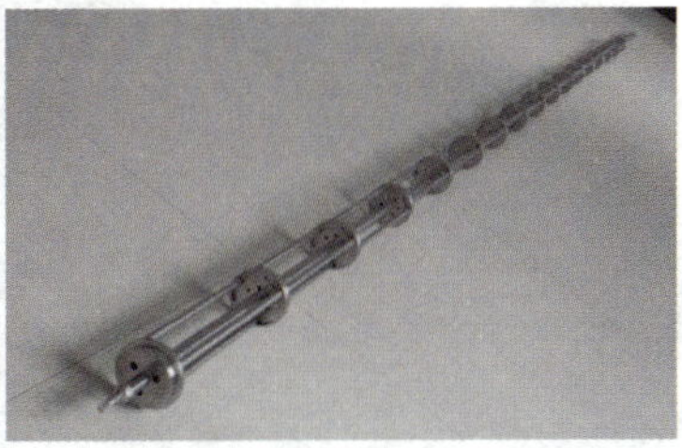

钴-60 伽马刀治疗源

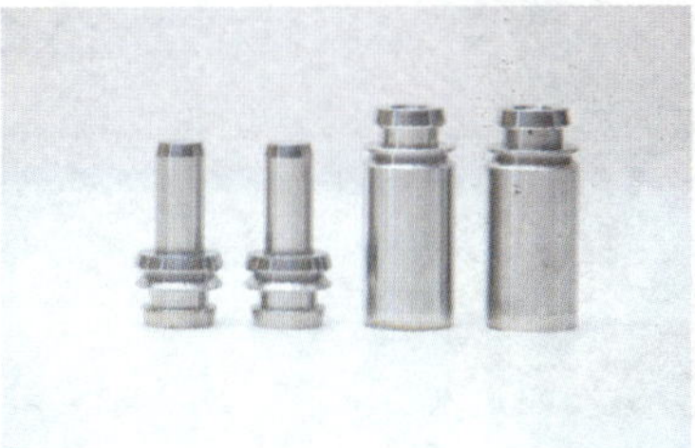

钴源出口泰国

募债敲锣

中国同辐上市

中国同辐与美国安科锐签署合作协议

【做大的故事】

中国同辐　大道行思　革故鼎新

中国同辐是我国集研发、生产、销售、服务于一体的核技术应用龙头企业，业务领域涵盖核医疗健康和辐照与工业应用两大产业方向，包括放射性药物、医学诊断、核医疗装备、放射源、辐照应用、核素制造、进出口贸易七个业务单元。

中国同辐是我国最大、品种最全的放射性药物供应商，是世界第三大钴源供应商，是中国最大的辐照装置设计、制造、安装 EPC 服务提供商。

目前，中国同辐正围绕“做大、做强、做优核技术应用产业”的发展战略，以“做大”为第一要务，以“投控源头、做强核心、扩张应用”为路径，坚持“产业化、国际化”战略理念，着力打造国际一流的同位素与辐射技术应用产品和服务供应集团。回顾中国同辐整个发展历程，它早已卸去一身青涩和稚嫩，逐步显露出更为成熟且稳定的模样。

无论是前身同位素公司，还是如今逐渐壮大的中国同辐；无论是2004年组织开展钴-60国产化的创新，还是2018年在香港上市，中国同辐始终坚持“以强效的执行力，来开创全新的局面”，从而让中国核技术应用走向更为广阔的境地。

一如鲍勃·迪伦所唱的那样：所有我所有，所有我所知，是关于这个梦，是它让我活下去。存在着这么一刻，所有的老朽，都再次新生。

过去的新生局面已然开创，中国同辐未来的新生，在这一代所有人的手中。

瞧，老与新，正携手向我们讲述着他们的故事呢！

自主创新　钴-60国产

2008年年底，首批国产21根钴调节棒被放入秦山核电基地重水堆机组的反应堆，经过一个循环周期的辐照后，2010年，这21根钴调节棒安全卸出反应堆，宣告了我国批量生产工业用钴-60同位素获得成功。

当第一根组件从堆内辐照完成再放入水池，4 米多长的调节棒因为辐射，散发着淡淡的蓝光，从水池中映入眼帘。那一刻，这神秘而惊喜的蓝色，意味着钴-60 国产化迈出了成功的第一步。中国终于拥有自己的钴-60 产品。

项目研发，国产化迫在眉睫

说起国产钴-60，无论对中核集团，还是对整个核技术应用领域来说，都不陌生，它的身世早已从不同的角度被解密和曝光。可是，一直以来，其产业化运作的前世今生，却仍披着面纱。

作为钴-60 产业化运作单位及项目的承担方，中国同辐一直在等待，等待着“她”在市场化中的真正表现。自 2011 年钴-60 同位素生产宣告成功之后，2012 年，该项目通过国家验收，共申请专利 30 项。2013 年，国产钴-60 不负众望，用市场的成绩说话：截止到 2020 年，共销售钴源 6829 万居里，收入 10.8 亿元，扭转了长期以来国内钴源市场供不应求、价格奇高的局面，使供需关系得到彻底改善。

钴-60 是金属元素钴的放射性同位素之一，能释放出高能量的 γ 射线，可用于食品和药品杀菌、医疗用品灭菌、辐射化工、工业探伤、放射治疗等诸多领域。

长期以来，我国工业钴源需求几乎全部依靠国外进口，对于其中所受的限制，长期从事钴-60 进口贸易的中国同辐最为了解。中国同辐原总经理武健当时负责贸易工作，最清楚因完全依赖进口而所受到的辖制，比如控制不了货源和价格，很多方面都受制于人，进而影响国内辐照产业的发展。

早在 20 世纪 90 年代初，与加拿大方面展开合作谈判之时，中方就提出在引进重水堆机组的同时，引进生产钴-60 的相应技术。可掌握此技术知识产权的加拿大公司，却开出了极为苛刻的条件，要价非常高，需要 900 万美元的技术购买费，而且还要低价包销中国的钴-60 产品。

因为，当时加拿大垄断了全世界的钴-60 产品。这样严苛的条件，以及考虑到钴-60 在未来市场上的价格把控，中方绝无可能答应和接受。

当时，中国对钴-60 的需求，每年约几万居里，项目通过验收前，全部依赖进口，由加拿大、英国和俄罗斯的供应商垄断全球市场。

面对国外的技术封锁和壁垒，中国核工业人决定，自力更生，自主研发。为什么不自己生产呢？这个问题在中核集团确定建设两座重水堆之后，答案逐渐明晰。

两台重水堆机组的钴-60 年产量可达 600 万居里，预计将满足国内约 75% 的市场需求，同时，还不影响机组的安全运行和经济性。更重要的是，中核集团拥有完整的核工业产业链，在钴棒的设计和研制、钴源生产、容器设计和制造等各个环节具有丰富的经验，完全有实力在这个项目上取得突破。

发展同位素产业，一直以来是中国同辐与生俱来的使命和职能。成立于 1983 年的中国同辐（前身为中国同位素公司），拥有同位素产品的专营权，掌握着同位素进出口资金的使用权，行使同位素产品的应用和产业导向的职能，主导着同位素产业的一些对外交流活动。1988 年，中国同辐开始做钴-60 的进口贸易。一开始国内需求量并不大，只有 100 万居里左右。钴-60 贸易是当时中国同辐的支柱产业，而那时国内做同位素进出口的企业也仅有中国同辐一家。到了 20 世纪 90 年代末，随着国内同位素进出口政策的放宽，做同位素进出口业务的公司多了起来，但钴-60 依然在中国同辐的发展版图中占有很大的比重。

与钴-60 打了 20 多年交道的中国同辐，深知钴-60 国产化的重要性，自然不会放过这个把钴-60 产业做大做强的历史机遇。

然而，当时中国若想真正自己生产钴-60，则还有很多困难摆在面前。“最直接的就是技术风险和安全评审风险，相关部门也是基于种种考虑，给出‘不鼓励、不反对，评审没时限’的初步意见。”武健简单明确地点出困难。

具体而言，还要追溯到 20 世纪 90 年代。

1996 年，在核电工程技术谈判期间，作为业主方的秦山第三核电有限公司（简称秦山三期）向加拿大提出在秦山三期重水堆核电工程增加钴-60 生产。但加方在工程合同价格谈判阶段取消了此项，想在合同价格之外开出更高的价格。1998 年，在国家有关部门进行初步设计审查时，又提出做好同位素生产的准备。但几乎相同的原因，引进谈判失败。1999 年，秦山三期组织开展了可行性研究，从理论上论证了项目自主开展的可行性。

2000 年，该项目的管理工作移交给中核集团。2004 年 2 月，中核集团决定把这个项目交由中国同辐。同年 10 月，该项目被国家批准为第一批民用非动力核技术高技术产业化专项。

根据钴-60 国产化项目秦山三期子项目负责人唐炯然描述，在重水堆中开发生产钴-60，是重水堆所具有的固有优势。重水堆在满功率运行期间，有 21 根不锈钢调节棒组件长期插在堆芯，用来展平中子通量。如果在停堆检修时，将其换成钴-59 的调节棒组件，通过中子辐照，可以生产钴-60 同位素。这种生产不增加额外的燃耗，产品属于核电站运行的副产品。

可当真正想要去实施的时候，主要有几方面比较突出的困难。一方面是设计上，把不锈钢调节棒变成钴调节棒，要有一个物理设计计算，这个计算能力，需要掌握。可当时没有现今如此便捷的软件程序，人必须靠着自己的头脑去设计、去计算，而钴-60国产化项目组的人，需要突破这一点。另一方面突出的困难，是钴调节棒要试制。在此之前，中国并没有这个生产能力，同时钴调节棒装卸容器、运输容器等都需要研制。也就是说，中国当时要达成钴-60国产化，意味着钴-60整个生产线，都要自己包干。这是极具挑战的，且面对“不鼓励、不反对，评审没时限”的态度，算是背水一战，只许成功，不许失败。

管理创新，集团运作和专业经营的良好实践

正因为核工业人拥有如此执着且奉献的精神，随着项目的推进，中核集团专门成立协调小组，在项目的一些关键点上给予重要指导和帮助。

接管此项目的中国同辐非常珍视这个机会，但同时也感到了前所未有的压力。

在他们看来，管理这个项目在某种程度上来说，有些“以小博大”的意味。

国产钴-60项目技术复杂，涉及钴调节棒的设计、研制和生产，靶件堆内辐照，棒束和成品源运输容器的设计和制造，专业热室的设计和建造，钴-60原型源设计和研制等多个环节。而这些环节也非一家之力可以完成。每一个接口的衔接，都是对组织协调、项目管理的考验。

投资大也是项目必须要面对的一个问题。作为项目实施方，中国同辐负责项目的资金投入。整个项目的投资总预算达9000多万元，这么大的投资，对他们来说也是第一次。2004年，中国同辐一次性投资达560万元。要知道，中国同辐当时每年的利润最高也就500多万元。

自主创新，就意味着去做前人没有做过的事情。整个项目涉及一系列技术难题，每个环节都可能存在风险。其中，重水堆设计变更能不能获得国家批准，就是摆在大家面前第一个也是最大的风险。毕竟，当时正值秦山三期反应堆投入商业运行的关键时刻，而在引进的商用核电站上进行反应性控制部件替代，这在国内还是首次。

面对这些困难和风险，如何掌控项目的进度和节奏，是中国同辐最大的压力来源。虽然每一个环节看似相对独立，但之间的质量关联程度很大，一个环节的质量不过硬，直接影响下一个环节，并影响产品的最终质量。

虽然有压力，但在时任中国同辐总经理王国光的心中，对这个项目还是"心里有底"。他相信，国产化的旗帜和情结会让中核集团集合各个领域最优秀的团队来联合攻关，共同突破。他也相信，中国同辐所拥有的专业化实力，能够把这些优势资源组织好、协调好。

"我们对于每一个环节的进展实行并联管理，而不是串联管理。”王国光介绍，在组织协调过程中，中国同辐并不是按照项目流程一项一项地走，而是同时准备或启动各个环节，齐头并进。这样的管理模式除了保证项目在进度上整体受控外，在质量控制和投资控制上也取得了很好的效果。

在钴调节棒研制阶段，中核北方核燃料元件有限公司（简称中核北方）根据研究内容设立了芯块制备、钴块电镀、结构件焊接、组件组装等 10 个科研课题组，并与课题参加人员签订了研制合同。同时，在每个关键质量控制点配置专职质量工程师，以日常技术沟通、月度节点检查、年度验收等方式加强管理，保证课题研制进度和质量。科研结束后，2008 年，中核北方立即转入生产线的建设完善、工艺验证试验、设备工艺以及产品合格性鉴定工作中。由于当年年底要实现秦山三核 104 大修换料，为了确保这个“后墙”不倒，项目组人员边建设完善生产线，边建立完善制造质量保证体系和制造技术体系，最终用 3 个月的时间，建立起国内第一条专用钴调节棒组件生产线，编制完善了钴调节棒组件制造质保文件和技术文件 300 多份，自主建立了一套完全拥有自主知识产权的钴调节棒组件制造质量保证体系和制造技术体系。

2005 年 3 月，为了节约投资，中国同辐与中国原子能科学研究院（简称原子能院）签订了《合建钴-60 放射源热室协议》，共同出资合作建设热室，并将建设地点选在原子能院。

工程利用原子能院已有相关建筑空地，建设了 3 间屏蔽能力为 10 万居里的钴源封装热室和 2 个贮存能力为 1000 万居里的储存水池。

技术创新，完全意义上的国产化

从设计开始的国产化，才是真正意义上的国产化。为了保证钴-60 项目的国产化程度，项目组在几乎没有任何外部资料可以参考的情况下，依靠自身的力量，从头攻关，迈过了一道道坎。

2002 年，上海核工程研究设计院（简称上海核工院）启动了钴调节棒组件的设计工作。2004 年，中国同辐跟上海核工院签订了设计合同。钴调节棒组件的设计涉及核设计、屏蔽设计、热工安全分析、结构设计和专用操作工具设计等诸多环节。面对如此大的设计变动，国家有关部门专家的评审过程也格外严格，1 次预审查、3 轮正式审查、1 次遗留问题答疑、134 个问题、41 份工作单。从 2006 年 6 月，钴调节棒组件的设计方案正式提交国家有关部门审查开始，秦山三期和上海核工院的有关人员频繁往来于上海和北京，面对专家提出的每个问题，设计人员反复查阅资料，并经常讨论到深夜。这样的审查持续了两年多的时间，与新建核电厂一样严格。

确保反应堆的安全运行是钴调节棒组件设计的第一要务。

根据屏蔽计算结果，钴调节棒组件在堆内辐照后会产生很高的热量，存在发生偏离泡核沸腾的风险确定装载方案后，设计人员便马不停蹄地开始了钴调节棒组件的热工安全分析工作。面对由 380 根排管和 8 个慢化剂入口组成的复杂堆芯，为了得到准确可信的结果，设计人员进行了 1 ∶ 1 的三维流场分析。在当时有限的计算机硬件条件下，进行一次计算动辄数天。设计人员不厌其烦地进行模型的简化和算法的优化，终于完成了排管容器内慢化剂流场和温度场的计算，并以此为基础进行了多种工况下的热工安全分析，对钴调节棒组件入堆的安全性进行了充分论证。作为放射性产物的安全屏障，钴调节棒组件的结构设计必须确保万无一失。

然而，不同于传统的调节棒组件设计，钴调节棒组件在堆内辐照后还要解体、分装成钴源继续使用，因此，必须设计一种可拆式的连接方式。为此，设计人员集思广益、绞尽脑汁，最终依靠巧妙的“档环”设计，既确保了钴棒定位的稳固性，又实现了钴棒解体的便利性。正是这个凝结无数心血的小小“档环”，在最终钴棒束解体中发挥了巨大作用。“事实证明，我们自己设计出的钴调节棒组件一点儿也不比外国人的差。”每每谈及此事，参与结构设计的老专家们总是非常自豪。

钴-60 具有极强的放射性，组件解体操作需在水下进行，因此必须研制一套与之配套的解体操作工具。面临设计资料的极度匮乏，尤其是对钴调节棒组件接收、解体和装载工艺还一无所知，解体工具设计团队只能“摸着石头过河”。

为了达到满意的效果，一个工具往往需要先提出几个甚至几十个设计初步方案，然后相互比较，再选出较理想的设计方案。为了降低操作难度、提高工作效率，设计人员想方设法精简结构、整合功能，设计出的多合一工具获得业主及操作人员的一致好评。

2008 年，在接到设计审查获批的消息时，王国光长舒了一口气：“当时压力特别大，如果审批通不过，就意味着我们前期所有的投入都会打水漂。”

技术突破，填补多项国内空白钴-60 国产化项目是中核集团自主创新的结晶。该项目研发工作始终以市场为导向，成功实现了科技开发和产业化的“无缝对接”，使科技成果迅速产业化。项目研制过程中，中核集团坚持立足自身，强化专业分工，创新组织模式，取得了核技术应用领域的重大成果，填补了国内空白，打破了国外长期垄断与控制，有力地促进了国内辐照加工行业的发展，其技术指标和质量水平达到了国外同类产品的先进水平。它不仅仅在设计上具有完全自主知识产权，在项目研制环节也取得了多项技术突破。2010 年 11 月 19 日，中核集团在北京主持召开了运输容器研制成果鉴定会。在形成的鉴定意见中指出，研制的具有自主知识产权的大容量钴-60 运输容器，填补了国内空白，并达到国际同等水平。

2007 年 11 月，中国同辐、秦山三期分别与中国核电工程有限公司（简称中核工程）签订了大容量钴-60 棒束运输容器和工业用钴-60 成品源运输容器设计、钴调节棒厂内运输容器的研发设计合同。中核工程虽然已完成多项如实验堆乏燃料运输容器等不同类型运输容器研发设计，但此次钴-60 运输容器的研发设计，还是给项目组人员带来了挑战。钴-60 放射源的活度高达 40 万居里，衰变热也比较大，达到 6 千瓦。项目组成员比喻说，这就好比一个功率是 6 千瓦的电炉子在燃烧。然而，容器的空腔比较小，散热面积比较小。项目组需要通过研发设计，让容器正常地把热散出去，又要防止外面失火的时候，把热传进来。

在反复的计算论证中，项目组研制出一种由防火套、防火盖和特殊散热片等组成的新型容器，解决了在小空腔内装载高衰变热的钴源、容器散热面积小的条件下的散热、隔热和减震等方面的技术难题。容器也经受住了 9 米跌落和 1 米贯穿试验以及 800 摄氏度环境下，火烧 30 分钟试验的考验。

同样，钴调节棒的研制也经历了一次艰难的历程。由于国外将相关技术完全封锁，缺少参考和借鉴，开发难度可想而知。中核北方发挥厂所合一的优势，在较短的研制时间里，突破了高密度钴芯块制备、钴块表面镀镍、结构件焊接、组件组装等多项关键技术，全面建立并掌握了钴调节棒组件制造工艺。在钴芯块研制过程中，钴芯块密度需达到钴金属理论密度的99%，采用常规粉末冶金工艺，很难达到该项要求。研究人员多次尝试，通过增加成型压力、增高烧结温度等方法提高钴块密度，但效果均不理想。面对该技术难题，技术人员集思广益，创新制定了粉末冶金结合高温挤压工艺制备高密度芯块工艺方案，钴块密度达到并超过了技术条件要求。

其次，在钴调节棒组件研制和生产过程中，类似的事例不胜枚举。2008 年 11 月，我国首批钴调节棒组件顺利出厂。2010 年 5 月，首批钴调节棒组件出堆，解体出的钴芯块表面光洁、镀层完整，超出同类进口产品质量，达到了国际先进水平。

"如果项目完不成，我不要任何报酬。"当时已 70 多岁的原子能院量热计专家姚历农，在接到钴-60 放射源活度测量的任务时，无条件地接受了挑战。而在整个密封源制备中，这样的挑战和付出无处不在。

密封源制备涉及许多技术环节，包括包壳材料的选择、封装工艺、焊接技术条件、密封表面污染检查、活度测量等。其中，焊缝质量是影响钴-60 密封源质量的关键因素。

为了生产出合格的钴-60放射源产品，原子能院钴源中心科研人员进行了长期不懈的工艺探索和试验，先后研制出了钴源工装设备、焊接台架、焊缝观察装置、检漏装置、活度测量装置，进行了大量焊接试验、焊接工艺评定以及放射源安全等级试验，使得焊接工艺和安全等级满足设计技术要求。

钴-60生产中的一个重要环节是焊缝质量检查。以往采用的检查设备是潜望镜，潜望镜制造和维护成本高、定位困难、抗辐照性能差且易损坏。为了解决上述问题，科研人员研制出国内首台防辐射摄像观察装置。该装置安装在热室前墙内，摄像头本身不会直接受到辐射照射，延长了使用寿命，图像清晰并可以直接储存到计算机内，为工程建设节省了资金。

目前国际上钴-60放射源活度测量通常采用的方法是依据测得的照射量率计算得出活度值。这种方法测量误差较大，容易引起争议。那时，老专家姚历农已退休在家，但为了研制万居里级钴源活度测量装置，他毅然走到科研一线。在一年多的时间里，他带领年轻技术人员进行量热计的设计、加工和调试，研制出国内第一台大功率γ量热计，测量不确定度达到5%以内。这台装置的建立保证了钴-60放射源产品活度测量的准确性，同时也为国内提供了强放射源标定场所。

将不锈钢组建替换成钴调节棒，对秦山三期重水堆工程来说，也是一个不小的工程。为此，秦山三期早在设计论证早期，就进行了操作规程的准备，并根据操作规程开发出专用的工具，尤其是设计制作了 1 : 1 的模拟操作台架和模拟钴调节棒组件，开展模拟操作演练，培训了一批具有实践能力的合格操作人员。

2010 年 5 月，首批钴调节棒更换比原计划提前 3 天完成。

在研发团队中有一位灵魂人物，他就是已经退休的秦山三期子项目组长唐炯然。每遇到关键难题，都是他带领大家坚持了下来。也正是在这种坚持下，大家“一次比一次做得更好”，促使换料工期从最初的 18 天，缩短到 13 天。

2009 年 5 月 27 日，首批 21 根钴调节棒全部安全出堆。在运行的重水堆核电站生产钴-60 同位素，完全满足设计要求，安全可靠，对电站安全发电也没有产生不利影响。1 号机组连续安全稳定运行 468 天，还创造了电站自投入商业运行以来安全运行新纪录。

钴棒束运抵原子能院后，随即开始了钴棒束水下解体、钴棒活度测量等工作。当年的“十一”国庆期间，原子能院钴源中心的科研人员和工人主动放弃了休息时间，开始第一批产品生产。为了保持生产的连续性，他们常常工作到晚上八点多。

2010 年 10 月 12 日，我国自主品牌的钴-60 密封放射源首批 20 万居里成功下线。

“我们给这个产品命名为 CN-101，其中的 CN 代表中国，也代表中核集团。”对于这个命名，王国光很是骄傲。

在项目自主创新和技术攻关过程中，中核集团不仅申请了多项国家专利，还达到了锻炼队伍的目的。项目涉及相关单位的中青年职工有 100 多人。在老专家和老同志的指导帮助下，这些职工在科技研发、工艺设计、生产制造、项目管理、质量管理、商务管理、成果产业化等方面得到很好的锻炼，掌握了相关本领，对中核集团相关领域和专业人才队伍的培养及快速成长发挥了积极作用。

项目成果，就地产业化

2010 年 12 月 8 日，钴-60 放射源新产品推介会在中核同兴（北京）核技术有限公司召开。会上，国内 70% 的放射源用户都来到了现场。很多用户表示，一直依赖进口的放射源，现在终于可以不再受那么多的限制了。推介会后，签订合同和意向性合同达到 500 余万居里。

研发功能一结束，马上投入生产，拿出产品，也是这个项目的最大特点之一。从立项开始，中核集团对这个项目的定位就不是一个纯科研项目，而是一个产业化项目，就是要把它做成产业，最终目标是拿出产品，卖出去。而对钴源市场有丰富了解的中国同辐，知道如何让产品走向市场。

随着钴 -60 产品每个环节的推进，中核同兴也在酝酿成立。2010 年 2 月，在中核集团的协调下，中国同辐和秦山三期签署协议，决定成立中核同兴（北京）核技术有限公司，负责国产钴-60 放射源项目的运营。中核同兴委托秦山三期利用其 CANDU 反应堆辐照钴-59 调节棒，委托原子能院负责钴源的分装、旧源的回收、钴-60 棒束和成品源的运输，中核同兴负责放射源的销售并为用户提供相应的技术支持和服务。

对于钴-60，所有用户买国外的产品已经几十年了。中国同辐知道，要想替代国外同类产品，从一开始就要参照国外技术最高指标来设计生产。而一路攻关下来，最终生产出的钴-60 放射源达到了国外同类产品的先进水平。

中核同兴相关负责人表示，国产钴源不仅技术和质量水平与国外产品相当，而且供货及时，价格合理，已被用户普遍认可和接受，深受辐照加工行业的赞誉，为我国辐照加工产业的发展作出了积极贡献，充分体现了中核集团的社会责任。

国家高新示范工程钴-60 国产化项目，是国家第一批民用非动力核技术高技术产业化专项之一，也是同位素产品中应用量巨大、极具影响力的项目之一。中国同辐股份有限公司与秦山第三核电有限公司、上海核工程研究设计院、中国原子能科学研究院、中国核电工程有限公司、中核北方核燃料元件有限公司等单位共同合作，七年间一路攻坚克难、辛勤付出，最终实现了钴-60 项目预定的全部目标。

2012 年，该项目通过国家验收，共申请专利 30 项；2013 年，又获得中核集团科学技术一等奖，国防科学技术一等奖。

2018 年，钴-60 实现规模化出口；同年，中国同辐“利用核电重水堆生产钴-60 技术研发及产业化工程”项目荣膺中国工业大奖提名奖。

目前，国际上只有加拿大、中国、俄罗斯等少数国家拥有钴-60 生产能力，国际市场前景广阔。中国同辐及中核同兴致力拓展海外市场，在确保国内钴源供货的前提下，积极对接国外用户与供应商，与其建立了良好的联系，为产品出口海外、建立销售渠道奠定了良好基础。

值得一提的是，长期以来，我国医用钴-60 完全依赖进口，而国际上医用钴-60 供应严重短缺，严重制约患者及时就医和国内伽马刀医疗产业的发展。

在日新月异的核技术应用领域，关键技术原材料研发制造刻不容缓。2016 年，“医用钴-60 放射源工业化生产技术研究”项目被列为中核集团“龙腾 2020”科技创新计划项目，以打破我国医用钴 -60 放射源“缺芯少源”的局面。

2019 年 4 月，由中国同辐牵头组织，联合国内优势单位共同研制的医用钴-60 原料经过两年堆照后，在秦山核电重水堆 1 号机组顺利出堆。这标志着中国同辐一举打破医用钴-60 原料全部依赖进口的局面。

2020年12月，国产医用钴-60放射源投入市场，伽马刀装上“中国芯”。

医用钴-60是伽马刀设备的“心脏”，所要求的比活度远高于工业钴源，制造的难度更大。如今自主研发的医用钴-60生产技术填补国内空白。

这一刻，中国核工业人实在等了太久，所幸，没有迟到，如期而至。

改制重组　焕然一新

在钴-60国产化项目中，中国同辐坚定地扛起了技术和责任的大旗，以一种“不出成果不罢休”的气魄，一路攻坚克难，披荆斩棘，乘风破浪，终于驶向彼岸，获得惊喜的成绩。

在这份气魄背后，离不开中国同辐发展路上不断的改革和创新。

这一切，还要从中国同辐的前身中国同位素公司说起。

1983年，中国同位素公司经国务院批准注册成立，是全国性专业公司。归口全国同位素及有关产品的进出口业务，从事同位素产品的研究、开发、制造及销售，是中核集团的全资子公司。

中国同位素公司20几个人的队伍，携50万元开办费，带着浓厚的计划经济色彩，闯入了改革开放的大潮。在经历20世纪80年代从计划经济向市场经济艰难转型的初创期，同位素公司走向了技、工、贸结合，自负盈亏的企业发展道路，造就出艰苦奋斗、自强不息的企业精神。通过20世纪90年代走国际化合作道路，公司产业发展质量得到快速提升，培养出具有国际视野的经营理念。经过21世纪第一个十年的技术、产品等创新和利用资本运作等产业发展手段，公司专业化能力进一步提高，产业规模快速扩大。

2007年，中国同位素公司改制为独资有限公司并更名为中国同位素有限公司，伴随公司性质和名称的变更，公司也发展成为核技术应用领域国际知名、国内最具影响力的企业，成为中核集团核技术应用产业的核心骨干。

2011年，中核集团发起，以中国同位素有限公司为基础，整合中国原子能科学研究院、中国核动力研究设计院的核技术应用产业：原子高科股份有限公司和成都中核高通同位素股份有限公司两家公司，搭建起中核集团核技术应用产业投资与发展平台。按照新的战略定位，中国同位素有限公司也更名为中国同辐股份有限公司。

这次核技术应用产业重组，是中核集团一次重大的产业资源调整、整合，涉及人员和资产的划转。由此，中国同辐承载起了中核集团几十年核技术应用产业发展的成果和未来发展的希望。而此时，在中核集团很多人心中还笼罩着多年前有关产业重组失败的阴影，大家无不为重组后的中国同辐捏了一把汗。

从分散对立到集中统一，从行动上协同再到思想上一致，从业务上的有序开展再到产业的完全融合，并非一蹴而就的易事。既然已经重组，集团的战略目标已经确定，面对挑战和困难，中国同辐没有退路，必须成功！面对前所未有的挑战，中国同辐领导班子坚定信心，精诚团结，从大处着眼、小处入手，充分发挥三家单位多年积累的行业经验、专业能力和资源等优势，以务实的工作作风、真诚的工作态度团结带领广大干部职工开启了同辐事业发展的新征程。

正如武健所言："这一次是大重组、大融合，三家单位属性不同、文化有差异、管理模式不一样、股东结构不一致，更为关键的是，三家单位还存在着很多同质化的业务。过去大家在同一市场上拼杀，今天要坐在一起共谋发展，如何凝聚人心、调动各方积极性、整合好资源、发挥好我们的优势，以形成协同快速发展的局面，实现产业重组的目标，成为摆在我们面前的第一大任务。为此，我们有针对性地做了大量工作。"

首先，公司确定了"抓两头、融业务、抢布点、促发展"的工作方针，积极实施"业务融合与强化管理并重、自主研发与外部引进并举、产品经营与资本运作并行"的产业发展策略，以此统一公司上下各级领导、员工的思想和行动。其次，公司成立了市场运营部、技术开发部和辐照项目部等部门，以统筹协调各单位对外市场运行、内部科研开发和辐照产业布局等工作，初步实现了内部资源的统筹和项目开发的有序开展，以及对外形象、政策和行为的统一。

不言放弃和精诚团结的精神，让重组后的中国同辐面貌焕然一新。“十二五”期间，中国同辐三个基地建设全面启动、医用高比度钴-60项目及多个药物开发项目立项、原子高科单独及与中核高通合作建设的多家医药中心落地。在市场部运营部的组织下，原子高科与中核高通联合开展核医学帮扶工作，同质化产品市场协同初见成效。2015年中国同辐销售收入和利润总额水平都达到了重组前2010年三家合并计算的2.7倍，年复合增长率达到了22%。这时，所有为中国同辐担心的同志们都长舒了一口气，产业整合的优势得到充分体现，中国同辐重组成功了！又经过几年的发展，中国同辐于2018年在香港上市，自此，中国同辐乘着时代的顺势，又以全新的面貌和姿态，迈向新的发展道路。

上市之路　上下求索

2018年7月6日9点30分，坐标香港联交所，随着“3、

2、1"的倒数声，时任中核集团总经理余剑锋、中国同辐董事长孟琰彬共同敲响了铜锣，这标志着我国"核药"领军企业——中国同辐股份有限公司在香港联合交易所主板成功上市，成为H股核技术应用第一股。

中国同辐此次上市共发行7996.87万股，其中约70%为国际发售，约30%为香港公开发售，另有15%超额配股权。

2018年资本市场风云激荡。年中，多家知名"独角兽企业"即将在香港上市的消息频频传出，吸引了众多投资者的目光。但风云变幻的资本市场向来不缺乏"冰与火之歌"。与前期预热大相径庭，股市低迷、招股遇冷，迫使一些企业或暂缓上市，或选择此前披露招股价格区间的下限。

而在这场资本角逐中，中国同辐如同一匹黑马，逆势突围，激发市场热度，取得了超乎想象的佳绩——"招股期间实现了价格区间全段覆盖，并实现了多倍覆盖"。

非动力核技术，万亿市场空间

时任中国同辐董事长、党委书记孟琰彬百感交集："我们成功了！为了这一刻，中核集团和中国同辐两年多来付出了太多的心血。"

古希腊数学家阿基米德说过："给我一个支点，我可以撬动地球。"对企业来说，这个支点就是改制上市。通过股份制改造和发行上市，优秀中小企业能够借助资本市场的力量，迅速发展壮大，成为商界巨头和行业旗帜。

时间回到2016年，这一年中国同辐筹备上市的具体策划、落地工作。“当时就选择A股还是H股进行了战略考量。H股是国际股。中国同辐是一个完全市场化的企业，选择在香港上市能够提高中核集团与中国同辐的国际知名度与影响力，将有助于未来国际市场的开拓。另外，从时间成本来说，相比A股的审核制上市，H股为注册制上市，所需时间较少。”孟琰彬表示，“基于这些考虑，中核集团最终决定优先选择上H股市场。”

非动力核技术亮相港股市场，绝对称得上是一股清流。“核药”的独特与神秘，吸引了众人的目光，投资者们看到的是中国同辐的“硬实力”，以及可期的未来。

根据弗若斯特沙利文资料显示，按2017年的收益计，中国同辐分别是中国最大的显像诊断及治疗用放射性药品、尿素呼气试验药盒及测试仪、放射免疫药分析药盒制造商以及医用放射源产品制造商，占据中国显像诊断及治疗用放射性药品制造的70%市场份额；占据尿素呼气试验药盒及测试仪制造的78.0%市场份额，占据放射免疫分析药盒制造的35.0%市场份额，占据医用放射源制造的84.5%市场份额。

中国同辐的业务包括放射性药品、放射源产品的研究、开发、制造及销售，以及辐照、独立医学检验实验室服务及其他业务，拥有放射性药品生产许可证、放射性药品经营许可证等重要牌照。近年来，中国同辐业务稳定增长，主营收入由 2015 年 26.04 亿元增至 2020 年 43.01 亿元。

而与这份成绩单一起呈现在投资者眼前的还有非动力核技术万亿市场空间。非动力核技术是世界强国重点发展方向，目前已广泛应用到工业、医学、农业、环保、公共安全、科研等诸多领域，并正在向现代科学技术前沿和若干新产业领域渗透。总览美国、日本等发达国家，核技术应用产业的贡献占其国民生产总值中约 3% ~ 4%。但与发达国家相比，我国核技术应用产业产值在国民经济中占比非常小，未来发展空间巨大。

"中国同辐实现上市，可以为下一步发展提供更多的融资渠道和更大的资本运营空间，以加快核技术产业发展，同时打造提升中核集团与中国同辐的国际品牌，为中国同辐成为国际一流的同位素与辐射技术应用产品和服务供应集团提供支撑。"孟琰彬表示，"更为重要的是，核技术应用是中核集团全产业链重要组成部分，中国同辐上市凸显了中核集团对加快发展核技术应用坚定决心与引领，也向外界传递了更加清晰的信号——核技术产业与人类生命健康有关，中核集团将致力于推进核技术发展，全力让核技术为老百姓提供更加美好的、高品质的生活，努力缩小与西方国家的差距。"

强大的后盾，在“破”与“立”中成长的团队

2018年6月，深圳。明亮的阳光透过如洗的蓝天洒进现代楼宇，让简洁、宽敞的会议室更加明朗。一群身着西装革履的商务人士聚首于此，正在开展企业家精神培训。他们正是中国同辐的中高层管理人员。也正是这个团队，在过去两年半的时间里，协同作战，扫除上市道路上的重重障碍，为中核集团核技术应用产业阔步走进资本市场铺就着平坦之路。培训会上，孟琰彬宣贯了中国同辐发展新战略，并强调，要打破以往“按部就班”的惯性思维，快速进入角色，迅速适应跟上上市公司新环境新要求。

这是中国同辐冲刺上市的又一次“号角”。

事实上，在过去两年半的时间里，这样的“号角”持续吹响。为满足上市要求、未来的发展，中国同辐进行着全面的革新——组建精干领导团队、建立公司治理结构、解决同业竞争——在一轮轮的资源配置、一次次的“破”与“立”中，重新构建公司新的肌理。

2011年，中国同辐正式组建，由原中国同位素公司、原子高科、中核高通等三家单位，以市场和产品为导向组建板块，锻造出一个全新的核技术应用行业龙头企业，一定程度上为上市奠定了基础。但不得不说，公司的这三部分，隶属关系不同、产权结构不同，它们业务领域、经营范围多有交

叉，同时又存在竞争。这些历史遗留问题长期存在，阻碍着公司的上市进程。

身份转变问题是阻碍上市的最大问题之一。"上市要求事业人员身份必须转企。这个问题不解决永远上不了市，同辐未来也没有办法甩开膀子干。"孟琰彬表示。但这涉及众多职工群众的切身利益，牵一发而动全身。人员身份该如何平稳转变？职工的利益又该如何保证？问题千头万绪，一股脑地砸了过来。

"为了上市，中核集团党组全力推动改制。两院的领导职工给予很大支持。而在反复沟通解释、耐心说服下，历经一年的时间，身份转换问题最终得到全部妥善的解决。这期间，中国同辐管理团队分工明确、团结协作，付出了很多心血，承担了很多压力。"孟琰彬说。

针对事业职工身份转换问题，在两个股东单位的支持和配合下，中国同辐采取了清晰明确和刚柔相济的政策。对 300 多名事业身份职工，中国同辐首先从干部入手，层层做好沟通工作，了解个人意愿。通过召开不同层级、不同类型问题的政策宣讲会，重点解释企业社保政策等职工最为关心的问题。在兼顾原则性、公平性和未来政策的不确定性等因素基础上，耐心做细工作，尽最大努力，为让更多的同志留在同辐，继续为他们热爱的同辐事业贡献力量创造条件。同时，也做好与两家事业单位的沟通和衔接，让每位回事业单位工作的同志，也能感到同辐的温暖。

“其实，无论员工最终放弃事业身份留在同辐工作，还是选择回到原事业单位工作，都是对同辐事业发展的支持，我们都理解并尊重。企业要发展，就要改革、要上市，对于这些员工来讲，他们要为此做出一次艰难的选择。这里有事业割舍方面的抉择，也有对未来利益上的权衡。在这个过程中充满了泪水，也充满了感情。我们对放弃事业身份，留下来与同辐共进退的同志表示欢迎的同时，也更增强了我们把同辐做好的责任和决心。对于那些离开自己心爱的工作岗位，回到原事业单位工作的同志，我们也要感谢他们，感谢他们过去为同辐事业作出的贡献和对我们上市工作的支持配合。”武健对此十分理解。

就整个社会发展、市场化竞争来看，中国同辐上市，其实亦是一次必然的选择。然而，在这次选择里，他们不仅要解决人员身份的问题，还有土地问题，权属瑕疵的问题……面对这些问题，中国同辐必须要做到人员剥离、资产清晰等，而这一切并不容易。

此外，同业竞争也是监管部门核查的重点。回顾中国同辐当时的构架，核技术应用方向多、品种多、资源多，要把它们有效地组合起来发挥作用，实属不易，同时还要符合繁细的上市要求，更是难上加难。为满足 H 股资本市场的要求、规范，中国同辐将分布在不同单位中面向市场的技术资源、人力物力资源等进行了重新规范梳理。“可以说，这是一个巨大的工程，期间做了大量的工作。”孟琰彬说。

上市，除了要解决历史遗留的这些问题，还要有很多对现今情况的梳理和对未来规划的把握。中国同辐当时专门负责上市工作的员工，在上市的关键时期，为了争分夺秒，几乎连吃饭都是跑着去。

为了在 2016 年 12 月底前取得上级部委对中国同辐股改增资方案的批复，以避免重新开展审计、评估等工作，公司上市办的同志们在 12 月的最后一周，每天都在相关部委持续沟通协调有关部门和领导的审批事宜。功夫不负有心人，在 2016 年 12 月 30 日最后一个工作日的傍晚时刻，当获批的消息由在现场的公司上市办同志通过电话传到公司会议室时，在场的公司领导及有关同志都情不自禁地击掌相庆。这意味着，我们的前期工作不用重来，为上市赢得了宝贵的时间，我们在上市的道路上迈出了最关键的一步。

如今，当时参与上市工作的员工，还会彼此开玩笑说：“你看我，现在脱发这么严重，就是那个时候忙出来的。”

“在中核内部防止同业竞争，应对市场发展有效整合资源才能提升核心竞争力，才能走向做大、做强、做优。此次借助上市契机，实现中国同辐资源整合，这对于中国同辐未来发展意义重大。”

而梳理过往，在过去的两年半的时间里，中国同辐围绕上市规范，期间解决了众多难题，主要问题和矛盾全部解决，实际上截至 2017 年上半年基本具备了上市条件。

2018 年 6 月，由中核集团党组成员、副总经理曹述栋为团长，市场开发与资本经营部主任王德林，中国同辐董事长、党委书记孟琰彬，总会计师、总法律顾问吴来水和总工程师杜进组成路演团队，在中国香港、新加坡、伦敦密集进行全球路演活动。期间，共举办了三场针对投资者和媒体的推介活动，以及若干小型推介会与几十个一对一投资者会议。中国同辐成功向媒体、公众展示了核心竞争力、行业地位、发展战略及投资亮点。

在这之前，在中国同辐内部发生了一件有趣的故事。

因为上市之前，中国同辐的各相关领域的领导需要参与全国的路演活动。路演，其实是为投资者答疑解惑，吸引更多的人来投资，以及提高中国同辐本身的影响力。参与之前，有员工跟孟琰彬提议：“孟总，这么正式的场合，咱们几个参加的领导要不要都置办一身像样点的西装，好不输气场。”

孟琰彬对这个建议仔细地思考了几天，最后还是决定不置办了，不花这钱了，毕竟每个领导西装还是都有的。

当孟琰彬说出他的决定时，在场的员工们眼睛一致瞟向了他那被当作公文包拎得破破的、土味的蓝色环保袋，心里默默感叹着："孟总果然还是孟总啊，这淡定，这朴素！"

为了路演，王德林、孟琰彬、吴来水、杜进四位出席的领导都提前做了大量的功课和准备，不断地训练。听说香港投资者都很厉害，会问一些很尖锐的问题，于是他们分工明确，搭配互补——如果问到战略问题，由孟琰彬回答；问到技术问题，由杜进回答；问到财务问题，由吴来水回答。

终于，到了正式开场、一显身手的时候了。

6 月 20 日，在香港举行了投资者推介会，吸引了近 100 名机构投资者前来参加，对公司的自我形象及投资价值的展示具有重要作用。曹述栋首先介绍了中核集团对于中国同辐的板块定位、战略部署等情况，强调中国同辐是中核集团旗下同位素和辐照技术应用行业平台，明确表示中核集团将始终为中国同辐提供强大支持。中国同辐董事长孟琰彬、总会计师吴来水及总工程师杜进分别向准投资者讲解了公司的发展战略、投资亮点、财务状况等方面内容，加深了意向投资者对中国同辐的了解。

6 月 21 日于香港举行了新闻发布会，该活动是中国同辐面向公众媒体的第一次正式发声，媒体将基于对公司所处行业、盈利状况以及管理团队等信息认知，建立对公司的第一印象。期间，路演团队从公司产品、发展战略、财务情况、投资亮点等方面向投资者作详细介绍，充分阐述中国同辐的投资价值。在答记者问环节，路演团队表现沉稳，回答中肯，为香港媒体留下了良好印象，创造了积极舆论氛围。

6 月 23—27 日，路演团队在新加坡、伦敦会见了几十家全球机构投资者，成功在全球范围内进行巡回宣传，短时间内在全球资本市场迅速打开了中国同辐的知名度，引发了广泛关注。

从第一次路演的紧张，到后面面对投资者的问题，回答得更加从容不迫，沉着冷静，甚至全面深刻。

上市之前，中国同辐还给每个投资者准备了独特的小礼物和公司相关的材料，以表示感谢。这些礼物都是公司员工在酒店里亲手包装准备。四五个同事围坐在一起，分工明确，每个人负责一个步骤，自成流水线。“如今回忆起来，大家席地而坐，甚至来不及顾及自身形象趴在地上包装、贴标签，想想还是挺难忘的，那个时候大家特别团结，就朝着一个目标，全力以赴。”

回忆起上市期间的岁月，每个人都按捺不住欣喜的心情。敲钟、互换礼物是意味着上市的神圣时刻，那么选股票号则是带着紧张和运气的时候。王梦，被派到号码池那里，去抽股票号。当他到号码池，看到一个个乒乓球上标着号码在透明的玻璃盒子里转啊转啊的时候，王梦内心无比紧张。

当时一共 6 家企业要抽号码，按照顺序王梦是第四个抽。眼瞅着自己中意的号码被一个个抽走了，王梦心里直犯嘀咕，千万别抽到个难记又不吉利的号码呀！

终于轮到自己了，他搓了搓双手，希望幸运女神能够眷顾自己，有两次抽号码的机会，第一次当看着乒乓球在里面转啊转，王梦觉得那几秒钟比一个世纪还长，怎么还不出来。

叮，出来了！

1640！

还好还好！

第二次抽！

又开始了一轮漫长的等待！

球终于姗姗来迟地出来了！

1763！

这个好！这个好！

两个号码，王梦立刻打电话跟领导们汇报，且让他们进行选择，哪个号码！

没多久，1763，就这个！

定了！

王梦心里长长地吁了一口气，这时才发现自己满身大汗。

之后，中国同辐为成功上市举行了庆功晚宴。在宴席上，孟琰彬激动地说："我们要把核技术应用领域做到千亿。"说完之后，全场沸腾了。不知谁提议了一句，咱们大家来合唱一首歌吧。

另一个人又喊了一句，那就来一首《大中国》。

说完，众人都乐呵呵，齐声唱起："我们都有一个家，名字叫中国……"

歌声，将整个晚宴、将中国同辐上市成功的喜悦氛围，推向了最高潮。

如今再次回望整个上市过程，虽然中间还有许多跌宕起伏、一波三折的故事，就像过山车一样，反转再反转，但无论如何单就时间来看，用两年半的时间筹备上市，这对任何一家待上市公司来说都可以算得上是绝对的高效。而在这段并不算长的时间里，中核集团和中国同辐解决了诸多问题，不仅展现了中国同辐管理团队的高效协作，更体现了中核集团强大的支持和助推其上市的决心。而拥有这样的一份履历，很难不增加投资者的信心。

延续生命，让核技术为人类创造幸福

满足上市条件，确保上市固然重要，但上市并非终点，跨越里程碑式节点后，中国同辐又将迎来一个全新的开始。而在这个新征程里，需要公开透明、规范管理，接受公众的监督；需要对社会、公众、投资者负责，拥有更加有前景的

战略目标；需要更好地发挥资本的力量，推进产业发展——"甚至需要突破自我，树立上市公司形象，保证股市的稳定。"孟琰彬说，"这就需要我们做足功课，迎接中国同辐上市时代的到来。"

在孟琰彬看来，筹备上市期间，制定与上市公司相匹配的、更具前景的战略目标与发展路径意义重大。这既落实中核集团做强、做优的要求，也将确保股东利益、真正对投资者负责。

结合新时代、新形势，着眼公司改革发展大局，中国同辐在大量调研的基础上，经过多次专题讨论，基本形成了中国同辐发展战略体系——确立了"做大、做强、做优"的战略目标，明确了"投控源头、做强核心、扩张应用"的战略实现路径，肯定了资本运作是产业延伸的关键抓手，提出了打造七个业务板块。

中国同辐坚持"产业化、国际化"战略理念，国际化水平显著提升，打造国际一流的同位素与辐射技术应用产品和服务供应集团。

为确保战略落地，中国同辐系统化地提出了战略实现路径。其中，"投控源头"是指向核技术应用产业链上游延伸，掌控同位素上游资源；成为同位素国际供应商，走出去参与国际市场供应大循环。"做强核心"是指加强同位素产品的技术创新、销售理念和模式创新、管理创新、投融资创新。“扩张应用”是指要从专业向行业渗透；从产业中端向上下游延伸；从提供产品向提供系统、服务和解决方案转变；从有限市场向无限市场进军。

此外，中国同辐提出了打造七大产业发展方向：核素制造、放射性药品、医学诊断、核医学装备、放射源、辐照应用、进出口贸易。

要实现这些战略目标、确保路径的顺利实施，就要求中国同辐具备一流的自主创新能力、一流的经营管理能力、一流的资本运作能力、一流的国际化运营能力，拥有一流的人才队伍。孟琰彬强调，“有了好的方向、好的项目、好的渠道，还需要强大的能力，唯有此才能确保战略落地。”

巨大的市场空间，即将开启的资本市场，以及系统全面的发展战略体系，不断提升的核技术应用未来可期，但面对中国同辐上市，孟琰彬激动之余却不敢有一丝懈怠，中国同辐作为中核集团核技术应用产业发展平台，担负着发展我国核技术应用产业的重任。但目前，中核同辐距离世界一流的企业还有着很大的提升空间，公司挂牌上市，借势推动，加快提高各方面能力与实力，打造国际一流的同位素与辐射技术应用产品和服务供应集团。

“而这期间，中国同辐的每一次前进、每一次扩大，都可以使更多的病人得到治疗，让生命得以延续。在生活质量不断提升的当下，让核技术为人类创造幸福，就是我们的使命与愿景。”孟琰彬说。

这或许就是中国同辐招股取得佳绩的根本原因。

走向海外　国际合作

正是本着“做大、做强、做优，打造国际一流的同位素与辐射技术应用产品和服务供应集团”的使命，中国同辐走出去，走向世界，是必然的选择，而且也是市场国际化的最佳途径。

孟琰彬曾说，要推进中国同辐的产业化、国际化，实现规模化发展。

2019 年，国际发展环境复杂多变，世界经济格局深度调整。政府持续深化供给侧改革，开启了高质量发展新时代。与此同时，世界范围内新一轮科技革命和产业变革正在孕育发展，颠覆性技术不断涌现，多重技术交叉融合不断催生新产业、新业态和新模式。

新一轮科技革命和产业变革与中国的经济结构调整和产业转型形成了历史性交汇，为核技术应用产业带来了重大发展机遇。作为行业龙头，中国同辐怀着强烈的使命感和紧迫感，在所有员工的共同努力下，审时度势、防范风险、稳中求进，在资产规模、营业收入、利润等各方面实现整体经营的稳健增长，并且牢牢把握时代赋予的历史机遇期，紧跟国家战略步伐，锐意进取、拼搏奋进，积极推动公司发展战略落地，在产业布局、科技创新、资本运作等领域取得了可喜的进步。

回望过往，中国同辐积极应对风险挑战，持续加大市场开拓力度，围绕公司发展战略，加快完善产业布局。

与美国安科锐强强联合，成立合资公司中核安科锐（天津）医疗科技有限责任公司，高起点进入核医疗装备行业；与德国生物技术及放射性药物集团（ITM）签署合作协议，加速推进重点核素项目的技术引进；完成宁波君安药业科技有限公司、派特（北京）科技有限公司、兴化市美全科技有限公司等企业收购，实现了近距离治疗、放射性药物、辐照应用等领域的产业延伸与扩张；更是以会员及理事身份积极参与国际行业组织的事务管理、学术交流、技术合作等活动，并与全球30多个国家的原子能委员会、核管委会、卫生部门建立了广泛深入的联系与合作，共同推广和践行核技术造福人类的美好愿景。

新时代有新使命。中国同辐始终坚持科技引领发展，积极开展科研创新。成功掌握医用钴-60放射源工业化生产技术，打破了医用钴-60放射源长期依赖进口的局面，填补了国内空白；着力推进中国同辐研究院建设，完成了放射性药物、稳定同位素与呼气试验技术、精准医学检验等6个研发中心组建，"1+N"研发平台体系建设取得实质性进展。

一分部署，九分落实。中国同辐还大力践行"同辐速度"，加快推进项目建设。广东医药基地建成启用，大幅提升呼气诊断药品研发生产能力，巩固了中国同辐在呼气试验领域的领军地位；长沙、武汉等18个医药中心建成投产，为2022年形成覆盖全国主要城市的网络布局体系打下坚实基础。

撸起袖子加油干，蹄疾步稳谋新篇。已经上市两年多的中国同辐，更是积极拓宽融资渠道，加快推进投融资创新。首次在中国内地发行5亿元人民币公司债，进一步优化公司债务结构。发起设立总额50亿元人民币的同辐创新产业投资基金，围绕核技术应用产业上下游开展投资并购，为完善产业布局、促进产业发展提供资金支持，助推核技术应用产业加快发展。

作为行业龙头，中国同辐始终以市场为导向、以客户为中心，在研发先行的基础上，专注行业发展，持续进行纵深合作和产业延伸，不断丰富产品线和服务项目，积极推动从销售产品向提供服务和整体解决方案转变，全面满足用户多样化需求。

"我们一如既往凝心聚力、乘势而上，用汗水浇灌收获，以实干笃定前行，进一步夯实公司发展基础，高质量完成各项任务目标，推动核技术应用产业加快发展，持续为客户、股东、社会创造更大的价值。”孟琰彬对中国同辐今后的发展，始终了然于胸。

除了积极“走出去”，对内，中国同辐也一直立足核心业务，通过自主研发、生产、技术创新、国际合作等方式，致力于为不同需求的客户提供全面的产品、服务和一站式解决方案。

以人为本，通过提供优质的产品、服务及整体解决方案，满足客户全方位的专业需求，积极探索核技术应用与健康之间的关系，守护人类生命健康，助力“健康中国”建设，是中国同辐始终如初的奋斗目标。

站在新的历史起点，中国核技术应用产业迎来了最好的发展机遇。时任中国同辐总经理王锁会表示：“中国同辐将继续发挥好行业龙头作用，勇担央企使命，积极推动我国核技术应用产业改革转型和高质量发展，为推进集团公司‘三位一体’奋斗目标，创新核技术应用服务人类社会的职责使命而接续奋斗。”

大道行思，革故鼎新。中国同辐在几代核工业人艰苦创业的基础上，不忘初心、牢记使命，秉持“驱动产业进步，核力造福人类”的品牌理念，不断拓展核技术应用领域，服务人类社会，赋能美好生活。

Shenzhen Zhonghe Headway Bio–Sci & Tech Co., Ltd.

中核海德威

惟愿梦想　如期而至

深圳市中核海得威生物科技有限公司成立于 1996 年，注册资本 2 亿元，现有员工 497 人。公司为中核集团二类管理单位，中国同辐控股子公司，是中国呼气检测技术领域拥有完整独立自主知识产权，集研发、生产和经营为一体的国家级高新技术企业，是我国最大的幽门螺杆菌 (Hp) 诊断产品供应商。

技术研发中心

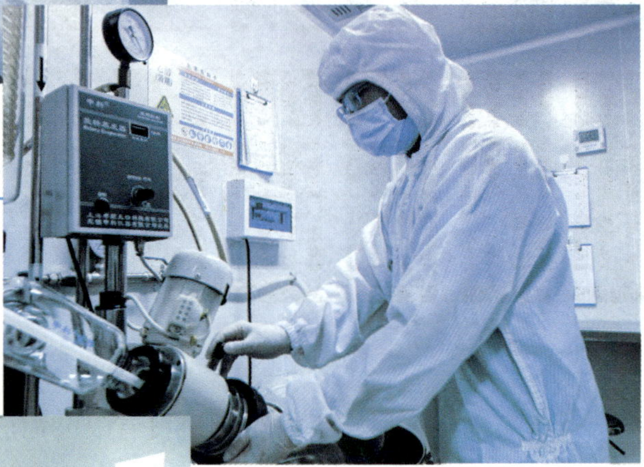

^{13}C 原料药的生产

^{13}C包装车间

集气卡生产车间

海得威专业生产、经营呼气试验药品及系列检测仪器，是用于诊断受试者胃幽门螺杆菌感染，主要产品包括尿素 [^{13}C] 胶囊呼气试验药盒、尿素 [^{14}C] 呼气试验药盒、^{14}C 幽门螺杆菌测试仪系列、^{13}C 呼气试验测试仪系列、呼气氢测试仪等。

^{13}C 呼气试验测试仪

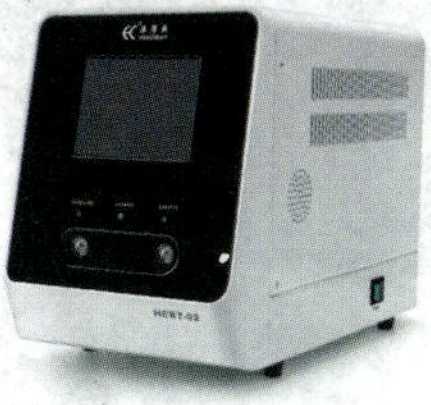

^{14}C 幽门螺杆菌测试仪

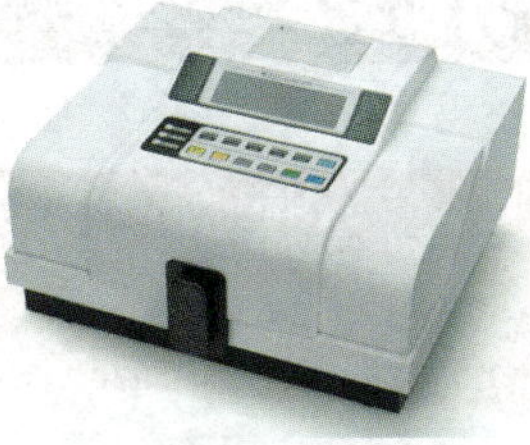

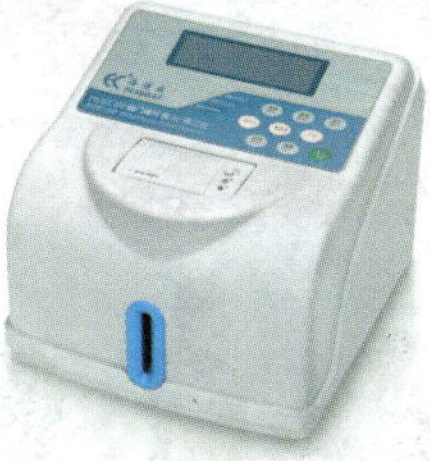

^{13}C 中文 袋子

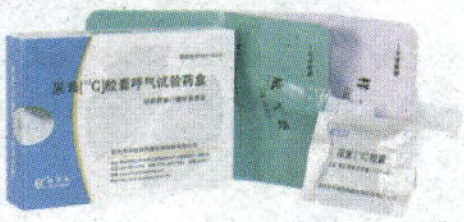

^{14}C 中文 液闪

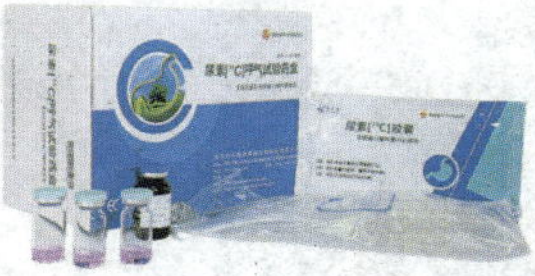

^{14}C 中文 卡式

海得威到湖北恩施、云南、内蒙古、甘肃等地区给当地人进行免费检测

【混改的故事】

中核海得威　惟愿梦想　如期而至

深圳市中核海得威生物科技有限公司，是中国呼气检测技术领域拥有完整独立自主知识产权，集研发、生产和经营为一体的高新技术企业。它依托中国核工业集团有限公司核技术应用产业平台——中国同辐股份有限公司的资源与优势，融汇原子能科技的创新成果，一直专注于呼气检测技术的应用与创新。

它开创了中国呼气诊断事业，并在该领域持续领跑。公司的经营目标是：不断研发创新，推出呼气诊断系列产品，实现“吹气查疾病，诊断更容易”——将呼气诊断产业化，让人类追求健康变得更轻松。

中核海得威系 1996 年由深圳大学马永健教授等 3 个自然人发起创

立，主营产品是碳 -14 呼气试验药盒及检测仪器，用于胃部幽门螺杆菌感染的诊断检查。

2000 年 9 月，中核苏阀科技实业股份有限公司并购中核海得威股权，标志着中核资本正式注入中核海得威；2007 年 2 月，中国同位素有限公司（中国同辐股份有限公司前身）收购中核海得威 55% 股权，标志着中核集团正式控股中核海得威；随后整合原子高科股份有限公司碳 -13 项目，标志着中核海得威在幽门螺杆菌诊断领域全产品线布局完毕。

中核海得威专业生产、经营呼气试验药品及系列检测仪器，用于诊断受试者胃部幽门螺杆菌感染，主要产品包括尿素 [^{13}C] 胶囊呼气试验药盒、尿素 [^{14}C] 呼气试验药盒、^{14}C—幽门螺杆菌测试仪系列、^{13}C—呼气试验测试仪系列、呼气氢测试仪等。2003 年通过 ISO9000 质量保证体系和 GMP 质量保证体系认证。

中核海得威作为一个高新技术企业，与深圳这座城市的气质相吻合。在很多人眼里，深圳本身就是一座敢闯敢试、唯快唯实的城市。经过二十多年的沉淀与发展，如今的中核海得威，整个企业的文化也慢慢凸显出来了——它既有核工业及中核集团的精神，亦有深圳当地敢闯敢试的特区精神，两种文化逐渐交融，形成了中核海得威独有的文化特质。

同时，中核海得威又开放包容、兼收并蓄。随着新领导、新员工尤其市场化、高端管理、研发等人才的加入，中核海得威又呈现出另一种面貌，他们带来了外部的新资源、新技术，也让中核海得威在发展过程中有了新的尝试和探索。

发展至今，中核海得威在行业里，算得上大名鼎鼎，尤其在呼气诊断领域，可谓“一枝独秀”。目前主持、编制 2025 年国家药典中碳 -14 方面的内容，就是由中核海得威负责起草。

万事成就均非偶然。成就斐然的中核海得威，自然也是离不开一代又一代为之奋斗和努力的“海得威人”。如同春蚕吐茧，一代代海得威人一点点织就如今的盛世之网。他们用自己的智慧与劳作，在挫折中乘风破浪，在成功中谈笑风生。

此刻，他们的故事，还将继续书写。

时间如丝　我心依旧

“这世界总是在变，但我有我的坚持。”

这个坚持，对于在中核海得威工作了 20 多年的老职工苏敏来说，意义尤其非凡。

她是中核海得威飞速发展过程中的参与者、奋斗者，也是见证者。

中核海得威创立之初，对于苏敏而言，大抵是这样一种境况：前面是层层的浓雾缭绕，身后是空空的人海浮沉。

漫长的岁月，她经历过茫然、苦闷，却从未动摇。这种毫不动摇的决心，贯穿了她在中核海得威20多年的工作生涯。

即使她的工作与研发、与产品无直接关系，而是整日与数字打交道。可二十多年如一日的会计工作，早已让她对中核海得威的情况，熟悉得一个数字便能脱口而出是哪一个项目的。她也看着一批批老员工离开，也迎来新鲜的力量继续发展中核海得威。

“虽然我的工作跟公司的科技科研没有直接关系，但是我知道，我所负责的每一笔费用有时代表着公司即将发力之外，所发出去的每一笔薪水，意味着一名员工、一个家庭的需要。所以，枯燥的数字工作，我从不敢掉以轻心。”正因苏敏始终如一谨慎的工作态度，即使时间如丝线缓缓在她脚边溜走，她却在自己的岗位上攒起了自己人生幸福的模样。

一如中核海得威现任董事长韩全胜所言：“中核海得威有着独特的企业文化，既保留了民营企业的优良基因，又引入了中核集团的企业精神和价值观，这两种文化融合一起，更加增强了员工对于企业的归属感、认同感。”“像苏敏这样工作了20多年的老职工，是最原始的、忠诚的职工，所以我们也在探索中长期激励，对于员工来说，也是一种极大的肯定和鼓励。这都不是真金白银可以买到的，而是作为一种荣誉，那种心里的荣誉感。我跟苏敏提过这事，当时她有点惊讶，说了一句话我现在还记得——‘很期待，同时也很高兴’。”

诚然如此。在未来大时代里，要想把企业做大、做强，员工和企业要实现目标和利益上的一致是极为重要的。比如，像苏敏这样工作 20 年以上的老员工，她所奉献的时间也是一种独特的价值。所以，中核海得威探索的中长期激励如果有机会参与，对苏敏而言，就已然是一种很大的激励；对中核海得威而言，则是一种制度的改革，是企业突破局限，打破局限的导向。

大抵，这就是中核海得威的独特性，包容中有解放，速度中有柔情，让在其中的员工难以割舍，继而迸发出无限的可能性和创意。

“因为相信，所以看见”。也许，当员工与企业有了一定程度的一致性，目标一致，理念一致，利益一致时，他们看见了中核海得威光和亮的未来，看见了一起创造的非凡成就。

这是信念，亦是信心。

所幸，走过二十多载，中核海得威的初步成就，如期而至。

行路不易 成果渐出

时间定格2017年5月19日，地点江西南昌，"2017幽门螺杆菌、胃肠道微生态与相关性疾病国际高峰论坛"重磅发布了我国新版《第五次全国幽门螺杆菌感染处理共识》，该共识极大地提升了我国关于幽门螺杆菌规范诊治的水平，提高了全民对于幽门螺杆菌的危害认知和临床医师关于根除幽门螺杆菌的认知一致性。

呼气试验作为幽门螺杆菌感染诊断"金标准"，受检者通过摄入碳-13或碳-14标记的尿素，在胃部幽门螺杆菌产生的尿素酶作用下，将会产生碳-13或碳-14标记的二氧化碳，经血液循环后从肺部呼出，通过收集受检者呼出的标记有碳-13或碳-14的二氧化碳气体并通过高灵敏的仪器上进行检测。如果仪器检测到呼出的气体中含碳-13或碳-14标记的二氧化碳，就可判断受检者胃部存在幽门螺杆菌。

中核海得威，便是一直专注于呼气诊断技术的研究和产品开发，是国内最早从事呼气诊断的企业。

时任中核海得威总经理崔海平说，其实早在20世纪90年代，中核海得威就率先研制成功了碳-14呼气诊断系列产品，包括呼气诊断胶囊、检测仪以及耗材等。如今通过不断创新，先后研制出了液体闪烁检测技术、集气卡式检测技术以及独创的固体闪烁检测技术和相应产品，幽门螺杆菌诊断的准确性日渐提高，使用的便利性也得到了广大医务工作者的认可。价格方面亲民实惠，应用方面安全环保，在医疗机构门诊和体检机构中广泛使用来检测幽门螺杆菌，具有很好的社会效益。

为了丰富呼气诊断的技术和产品，给用户以更多的选择适应不同受检者的需求，中核海得威整合引进了碳 -13 呼气诊断技术与产品，研制成功了红外检测仪器并投放市场，使中核海得威在国内外呼气诊断行业成为唯一一家同时具备碳 -14 和碳 -13 两个产品系列的企业，以更好地服务社会造福民众。

碳 -14 和碳 -13 呼气试验诊断幽门螺杆菌在门诊和体检中的应用十分广泛，两者既有共性又有所区别。实际上，碳 -14 和碳 -13 都是碳的同位素，是一对亲兄弟，也普遍存在于自然界所有生物体中，换句话说，我们人类的身体内都有碳 -14 和碳 -13。

中核海得威自创建以来的二十多年中，得到了政府和社会各界的支持和帮助，与国内外的高校院所及学术团体、业界专家学者建立了广泛的合作关系。

此次国际高峰论坛上中核海得威的大放光彩，被数十家权威媒介刊发传播。简短的文章，却让中核海得威跨出了重要的一步，也被更多的人所知晓。

在成功研制呼气诊断系列产品以及更新换代的研发中，背后隐藏着一个个不为人知的故事，以及海得威人为之拼尽全力的精神。

尿素碳 -13 原料药，当时在国内尚没有任何产业化的生产技术和生产设备，完全依赖进口，但是进口也并不意味着有钱即可买到。因为供应商有限，只有两家美国公司，并且它的产能不足以供应当时中国国内的需求，每年只能定量供应给中国。供应量受限，是第一大限制因素。

第二个受限就是价格逐年上涨。原料药相当稀缺，全球只有这两家能生产，无法满足国内市场的需求，随着经济发展，国内对于碳 -13 胶囊的需求每年上涨，供不应求的矛盾局面日益突出，供应商也不断地提高原料药的价格，导致尿素碳 -13 胶囊的成本随之增加。

虽然碳 -13 原料药当时在国内技术已有，但仅限实验室技术，对于商业化的大规模生产，当时的技术还无法满足。

面临需求大，缺口也大，价格更是比黄金还贵等卡脖子情况，中核海得威振臂一呼，决定成立项目组，跳出这个被动的局面，自立研发，实现碳 -13 原料药国产化、商业化。

说干就干，一切从零起步。于是，中核海得威立刻成立精英团队，与外方技术团队进行对接和学习，消化吸收，开发出了整套合成设备和合成的技术。

“这个技术刚转过来，虽然说在国外已经是成型且成熟的技术了，但是转移到国内，我们还停留在理论的层面，因为这个设备和技术在国内实际上是完全没有试产过的，所以安装、调试各种都需要一个过程，这中间又出现了很多意料之外的问题。”李想，2008 年进入中核海得威，到如今也已十几个年头，对于碳 -13 原料药国产化项目的过程，他了如指掌。

研发初期，中核海得威成立了一个项目组，主要是跟研发人员对接技术。为了尽早完成国产化任务，研发团队每天早上 8 点开始投入工作，晚上 8 点才陆陆续续有人下班。研发进入关键时期之时，有时候有些人员实在不想在路上折腾，就直接睡在实验室里，困了就睡几个小时。

这样的状态，大概持续了一个多月，中核海得威整个研发团队当时大概十六七人，男女各一半，但如此高强度和高难度的工作任务，没有一个人抱怨，大家的目标只有一个，那就是尽快尽早实现碳 -13 原料药国产化。

整个研发的过程历时三年，2015 年开始立项，到 2018 年才算有所成效。那一年，李想刚好而立之年，家中孩子 3 岁，李想几乎每天甚至周末都在加班，与家人相聚的时间很少。

如今回想，李想满怀感恩，工作上终于实现了目标，完成了任务，而在那艰辛时期，家里人作为他坚强的后盾，给予他支持和体谅，让他觉得自己才能无所畏惧地一往直前。

2014 年进入中核海得威的叶诺，大学虽然学的并不是这个领域，但在研发团队里，她却倍感安心。

“有这么一个平台在，这么一个团队在身后，即使我在整个过程中经常遇到问题，但我仍然觉得很安心，团队里有这么多专家和有经验的人给予我帮助和资讯，对我来说，也是一个很好的学习和提高自身业务能力的机会和时期。”

研发初期，对于整个团队来说，最困难的莫过于国内没有任何可参考的技术和设备，设备是从国外定制的，即使一个小小的螺丝钉在国内可能都买不到配套的，更不用说压力表等这些重要配件了，所以在使用过程中叶诺等人极其小心。说明书上写着温度最好控制在 100 摄氏度，但实际操作起来，就是无法这么稳定，一下子高，一下子又低，而这样的设备或者零部件，一时半会又没有同样功能的替代品。面对这样的情况，叶诺极其抓狂，只能在工作时让自己更加有耐心，更加小心。

所谓万事开头难，没有已有之路的摸索更难。整个研发团队几乎就是摸着石头过河，上下求索，遇到困难找更专业的，更有经验的人来一起解决，一边研发一边调整方案，遇到瓶颈就找出解决办法，问题解决了，研发才能不断往前推进。

正因这种不怕困难的精神，中核海得威研发团队从开始合成，到最后终于制作出合格的样品，历时仅仅两个月。可这60天时间，对于研发团队每一个人来说，漫长而充实，压力大的情况下，咬着牙坚持再坚持，不制作出来，心里的大石头无法落下。

从合格到正式市场化，研发团队在不断优化和提高的过程中，又经过了三年的时间。碳-13原料药按照药品管理，不仅需要研制出合格的产品，研发团队还得提供一整套完整的能证明可以商业化生产出合格产品的材料，用于向国家药监局申请注册批文。

中核海得威研发团队在研究碳-13原料药起初之时，技术和设备都是从国外借鉴而来的，虽然符合标准，但需要在不断优化的过程中符合中国的标准。故而即使已经走通工艺合成路线，小量的试制成功，也不代表可以成功放大生产。小试出合格的产品到放大生产，研发团队在不断优化和提高的过程中，又经过了三年的时间才最终取得了药品生产批文。

整个研发工程中充满了各种挑战和未知的困境。

一如，在研发过程中，国家药监局突然颁布了原料药关联审评审批的法规，即此后原料药不再发放注册文号，实行原料药登记制，原料药须开展关联制剂研究后，与关联制剂一并审评审批。好在中核海得威预见性地早在半年前就开始了关联制剂的研究，才使项目免受新政影响。

“我们也是根据国外在这方面的做法，萌生了提前做的决定。所以等到正式发文之后，我们资料都已经做好了，就直接递交上去。这个过程让我们审批也相当于提前了半年。因为研究的时间是没法省掉的，稳定性试验它至少要考察半年以上才能提交申报资料，所以我们只能从其他方面来节约时间，这其实也算是一种敢为人先的精神。”作为研发团队一员的杨昭在聊起团队的先见之明时，无比敬佩。

当时制剂关联研究，进行得很不顺利。国家层面之所以这么要求，目的是为了证明这个原料药，可以很好地适应制剂的生产，满足制剂的要求。中核海得威研发团队刚开始做的时候就遇到了一系列困难，比如国产化的原料药的粒径跟进口的有很大差异，不适用于中核海得威碳 -13 胶囊，于是团队必须在工艺上进行重新调整，重新研究。国产化的原料药，它的粒径比较粗，像平常看到的味精一样，一粒粒的，然后在中核海得威的生产过程中，他们不断改进，不断精细，生产出来之后，产品外观就完全不一样了，粉末变得更细。然而用这种原料药去做胶囊，做出来并不合格，胶囊的均一性不好……

不合格意味着失败了。研发团队面对这次失败，沉下心，重新对制剂进行研究和优化。前期的失败，意味着团队必须用后面的时间把前面时间补回来，加班成了每个人自发自愿的行为。加班加点，整整一个月的时间，团队靠着不认输的劲头，一鼓作气将这个问题从技术上解决了。

细数整个研发团队的人员，的确是一支无比年轻的队伍，平均年龄 30 岁左右，却扛起了如此重要且关键的任务，且出色圆满地完成了，之后还获得了中核集团的“金牌青年突击队”称号。

说起研发团队，不得不提团队灵魂人物沈桂富，当时是整个项目的负责人，也是所有队员的坚强后盾。

每个队员心中，都有一个不一样的沈桂富，这些“不一样”的故事，组成了一个鲜活可靠的“项目负责人沈总”。

“我们项目负责人是沈总，相当负责任，也相当急性子。我们普通的队员有时候都会因项目的受阻心里忐忑，坐立不安，何况他呢？比如注册检验的报告合格吗？沈总亲自带着我们去省检验所沟通。省检验所表示将会力争在一个月内完成检验，但是沈总认为我们必须做好万全之策，如果是两个月，或者三个月都一直在检验阶段，没有出报告呢？因为对于检验的人来说，他们面对的也是一个全新的品种，也没见过，所以我们自己必须要多宣教，多科普，让他们从各方面去了解这个新药品。”李想心中的沈总，有着高瞻远瞩的眼光，因此在做决策之时才有周全的洞见。

"当时我们还想到走优先审评，但优先审评有一个前提条件，就是这个品种必须是孤儿药或者是紧缺药品。为了证明这个药品确实是一个紧缺的药品，沈总那时也带着我们去找省里面的工信部门。而省工信部门的人反馈说，我们要先从市里面提起，又回来从市级的经济与信息化部门开始，之后又说深圳属于单列市，不能直接由省管，所以后来又去找到市里；从市到省，再到国家层面的药品审评的部门，一直证明我们这个产品确实是一个对临床急需的药品。由于在这中间的所做的种种努力，才能在这么短的时间内顺利拿到检验，再去向国家局提交注册申请。……总之这个过程，现在想想，很繁琐，来来回回的，反反复复的，不知道跑了多少趟。可总归这个跑，都没有白费。"叶诺说起这个过程时，对于沈总的耐心以及毅力，自己受益颇多。

"沈总特别尽职尽责，在我眼里是典型的劳动模范。他来深圳10多年了，工作在这边，家人在北京。在深圳这么多年，生活也很简单，两点一线，公司和宿舍。有时，晚上加个班，九十点钟回去，第二天一大早又来了。只要不回北京与家人团聚，他基本就都窝在公司里。沈总分管的项目、部门任务比较多，公司业务范围涉及较广，又很琐碎很细化，必然是一个很操心的工作。所以，沈总在深圳，几乎把所有的时间和精力放在了工作上。"李想眼中的沈总，是他心里的榜样。

十年，沈桂富将人生最美好的岁月，献给了中核海得威，献给了他自己热爱的事业。

因为碳-13原料药国产化的研发任务，三年时间的相处，研发团队的每一个人，又看到了沈桂富的另一面——平易近人，极好沟通，完全没有领导的架子，令人最舒服的一点就是，每个人有不同的想法时，都可以无所顾虑地跟他表达，说清楚自己的真实想法，如果这个想法诚然好，他便会采纳和接受。

2016年，正是研发的关键时期，深圳市发改委颁布一个对科研项目有益的支持政策。如果能成功申请下来，对于中核海得威这个研发项目来说，无疑是如虎添翼，可以得到来自深圳市几百万的资助研发资金。

于是，接收到这个消息之时，沈桂富立刻号召人员，着手开始写相关材料去申报；而这个申报，有一个需要去现场答辩的环节。沈桂富带着叶诺去参加答辩，那天正好下着大暴雨。答辩结束之后出门，发现雨很大，而车就停在两百多米远的另一头。

叶诺看着倾盆大雨，回头跟沈桂富说："沈总，不然我们先等等，等雨小一点我们再跑过去开车。"沈桂富则不赞同："不等了，还有很多急事回去处理呢……"边说边挽起裤子，把皮鞋袜子一脱拿在手里，赤着脚就往雨里冲去开车。那时，地面积水已经有一定深度了，叶诺看着雨中奔跑的沈桂富，眼眶突然红了，那一刻，她觉得那不像是一个高高在上的领导，而是心系万事的平凡人。

被雨淋得湿透透的狼狈之下，是一颗为事业而不畏艰难的火热之心。

叶诺，也是在那一刻，真正认识到，所谓领导，有时候就是在困难面前，他是那个第一个往前冲，或者一直会给你做后盾的人。

如今，回顾这过去种种，三年时光，对于每个人的一生来说，极其短暂，但对于每一个研发人员来说，是艰难的时期，也是信心满满的时期。

叶诺在那三年里，努力到极限，也对自己的能力失落过，怀疑过，甚至觉得在自己力所能及的范围内，自己全然尽力了。可是，在这样一种失落中，她的内心又有种一种莫名的自信，因为背后有人在托着她，让她不至于因困境而倒下。

李想即使在研发阶段最为困难的时候，对中核海得威，对整个团队都仍然信心满满：“我觉得我一直都是比较乐观的，办法总比困难多。不管出什么问题，有团队，有公司，况且还有集团的支持，我们怎么就不能做成这件事呢？！”

“长风破浪会有时，直挂云帆济沧海”。大抵，唯有真正经历过“长风破浪”的人，才能明白“挂云帆”那一刻的幸福和当下的来之不易吧。

建立中心　国内领跑

从呼气试验产品的市场化推广，到后来碳-14、碳-13原料药国产化的成功，到如今正在发力建设的研发中心，都是中核海得威一步一步走过来的成果展现。

中核海得威研发中心是2019年批准的，起初叫“开发部”“技术部”，如今才称之为“技术研发中心”，正式挂牌是2019年稳定同位素与呼气试验技术研发中心。

刚开始，中核海得威要成立这样一个研发中心，但其实并不清楚要做什么、怎么做，只是觉得需要一个研发中心。起初，中核海得威研发人员较少，既负责器械研发，药物研发，也负责老产品改进，研发人员在地理位置上也是离散的，分散在深圳总部与安徽养和。后来，研发中心成立后，便把相关人员都纳入到研发体系，统一进行人员的定岗定级。

这一切的布局规划其实从2018年就开始着手设计了。考虑中核海得威未来的发展方向，研发中心从名字上来看，也必须要做稳定同位素和呼气两大块领域，且要在这两个领域里成为国内领跑者。

从呼气测试，最终中核海得威要走向治疗，转到产业链的整体多元化。所以，研发中心的定位还是很明确的，一个是稳定同位素，一个是呼气，目前中核海得威主业也是这两块儿。稳定同位素包括碳-13、氧-18。在呼气方面，中核海得威目前还只可以做幽门螺杆菌的检测，也正在其他方向上扩展，还有想做一氧化氮、一氧化碳的，主要是可以诊断不同的疾病；做红细胞的测定，是炎症、哮喘的疾病的一个监控，属于呼吸道炎症范畴。

"当时我们还考虑到做体外诊断试剂，聚焦于消化类疾病的体外诊断，但是后来做了规划，还是没有往这方面推进。因为现在诊断，我们市场的资源，用户在消化领域里面，如果我们希望在消化线拓展的话，相当于产业链的一个扩张，那必须也要在消化疾病的诊治方面做一些延伸。另外，还有一些是诊断之前必须要考虑的，就是治疗。现在的治疗方式一般比较普遍的是——四联疗法和三联疗法，但有一些弊端，包括患者得使用大量的抗生素，有的副作用比较大，还有的患者对抗生素耐药之后，会导致治愈率不高。这种种弊端，中核海得威之前考虑过，所以在去寻求合作，洽谈之时，明确知道要与合作方联合开发一款全新的抗生素类产品，用于治疗。这些产业链，便是中核海得威的延伸。"研发人员楼一绵在讲起研发中心的种种往事，眼睛里仿佛含着光，令人产生一种庄严而自豪的情愫。

此外，中核海得威研发中心还依托自身尿素标记化合物产业化的实践经验，整合国内外优势资源，拓展碳-13、碳-14标记化合物的种类和应用，做成一个面向国内蓬勃兴起的新药研发产业的专业标记化合物产业化平台即用碳-13、碳-14做标记，化合物的合成，可以做很多检测，不仅在化工领域有应用，还可应用于医药的研发领域，用来做新药的一个检测初步药物的筛查，反应很快，能大大缩短一个新药研发的进程和时间。

拓展这方面的业务动机，也来自于中核海得威当家人韩全胜深深的核工业人初心与情怀。曾经，作为核工业“老母鸡”的中国原子能科学研究院同位素研究所的专家们陆续合成过若干种碳-13、碳-14标记化合物，但由于当时国内缺乏成熟稳定的市场，以及自身受制于当时市场化机制的不健全，这些标记化合物的市场化尝试均宣告失败，这也是一代核工业人心中的隐痛。现如今，此时此刻，作为站在新的发展形势下的老核工业人，韩全胜敏锐地抓住了国内标记化合物应用风声渐起的机遇，乘势而上，借助中核海得威具备成熟的GMP放射性体外诊断试剂研发及生产能力，奋力突入这一领域，既为核工业系统在核技术应用产业中补上重要的一环，也能满足国内日益增强的标记化合物需求，助力中国国产新药的研发突破，一举两得，不忘初心，善莫大焉。

如今，中核海得威技术研发中心牢牢聚焦于呼气测试和碳-13、碳-14的主业上，业务开展也是围绕着同位素、核技术的延伸和拓展。他们希望把核技术发挥到极致，服务于社会；希望核技术能够在更多领域里有应用，然后更多产品被开发出来。

新产品开发与应用研究开展得如火如荼，但研发团队在现有产品技术迭代更新上的步伐，并没有停滞。

中核海得威的产品虽然单一，但在生产工艺上做了不断优化，比如从手工到机械，再全自动化，然后设备方面，不断在提升生产效率和生产设备的智能化，产品标准也不断提升。

技术也在迭代中，设备方面其实也有很多仪器，最早期的话可能是集中在碳-14的相关仪器上，从2012年开始引入基于红外光谱技术的碳-13红外光谱仪，是一种新型仪器。然后针对老的探测器，他们最近这些年做的很多工作其实跟刚才讲的药品是类似的，就是从早期的手动的产品到线上自动化的设备，包括最早是单样本的测量，如今随着市场需求样本量的检测越来越大，他们也在做多样本的自动化的设备，也是不断迭代不断改进的。

"一直到现在我们是主打药品的国家标准的起草编制，就是说我们产品的标准在提升，然后生产工艺也是在不断地从纯手工，然后到机械化，再到自动化，未来应该是走智能化了。”研发团队中的金恺远补充道。

产品创业初期碳 -14 产品的检测手段是液闪型的，即用液体采集完气体后，医院自己配闪烁液，然后再检测，每个样品都要做处理，这样比较麻烦。由于液闪检测给医护人员带来诸多不便。面对市场上的反馈，中核海得威首席专家陈世雄（时任安徽养和总经理）就继续研发，于 2003 年做出了一种卡式产品，受检者服下胶囊后呼出气体，集气卡收集了受检者的呼出气体后，医院拿着卡直接检测，不需要在检测前再对样本进行处理。这种仪器一进入市场，就以其方便快捷，大受欢迎。

随着公司业务的不断发展，液闪型碳 -14 监测方法的更新发展也被中核海得威提上日程，陈世雄顺应市场的需要，结合探测技术新的发展，又率领团队研发了固体闪烁体检测耗材，在保持与液闪型仪器相同技术指标的同时，省略了配置闪烁液步骤，极大地满足了对检测准确度要求较高的医院用户的需求。

中核海得威的碳 -14 产品，从液闪型仪器出发，发展出卡式仪器，从 2006 年到现在很多医院一直都是用这种卡式，再到固闪型仪器研发成功。总体产品线上，最早是碳 -14 检测，2006 年有了卡式，2011 年有了碳 -13，然后 2015 年有了固闪，2019 年有了碳 -13 原料药——这体现了中核海得威在药品这条线上，看似单一，其实也有着丰富的变化和更新。

比如 2005 年的时候，碳 -13 胶囊配套用的检测仪器是基于质谱的方法，一台质谱仪价格很贵，检测效率也不高。主要是操作不方便，需要专业人员去操作设备。质谱仪作为精密分析仪器比较适用于实验室，维护成本很高，不太适合临床使用。临床肯定需要检测效率高，对操作人员的专业要求没有那么高，且后期维护成本相对较低的仪器。

所以这个方法的缺点，就是成本高，导致价格很高。后来以陈世雄总为总负责人的研发团队，励精图治，克服万难，参考国外同类仪器的原理，从零开始，独立开发了红外光谱仪来做碳 -13 产品的检测，虽然药品没变，但是检测的仪器用这个技术之后成本降低了，市场就更愿意使用。现在中核海得威的仪器，对医院的工作人员进行简单培训后即可上岗操作。

所以说，药品的更新迭代是一条线，器械是一条线。

"如果核技术能够在新药研发里形成一条完整的产业链，无疑是能加速整个中国新药研发的进程的。"对于核技术在医药领域的应用，楼一绵极为乐观，且相信这一天，定将如期而至。

中核海得威自成立了研发中心之后，整个企业的未来发展，更加长远，且更加持续有动力了。

因为现在中核海得威的发展是市场驱动型的，市场需求在逐年增强，而中核海得威的产品虽然单一但专业，每年售出的也越来越多。从业绩增长来说，是可喜的。

如今，研发中心需要做的就是技术迭代更新，研发出更多元化的产品，形成新的方向，有新的产品，对中核海得威未来是一个强有力的支撑。

“我觉得研发中心要有一些新的产品方向，产业链的延伸；一些新的业务，对公司未来是一个支撑，才能实现经营目标。”正如楼一绵一言一句里透露出来的信念，中核海得威从碳-13 原料药国产化成功之后，行至如今，走的路已然渐渐宽阔，有了更明确的目标。

梦想，终将如期而至。未来，亦是可期可待。

以人为本　精准激励

“我们现在正在探索中长期激励，把公司和员工的利益联系在一起，风险共担，收益共享，形成利益共同体。”韩全胜说。

诚然如此。在不同的时代里，榜样的力量不一样。在研制“两弹一星”的时代，有邓稼先这样的榜样；在新的时代，位处深圳特区，又该如何继承和发展核工业精神？新时代需要新标杆，新时代呼唤新榜样，所以中核海得威采取了这样的方式来肯定和认可员工的尽责敬业和忠诚度。

“在公司工作满 10 年、满 20 年的员工，我们在年会上会颁发一个纪念奖牌，同时发放相应奖金。其背后强调的是一种融入感和归属感。中核海得威从很小的一个企业慢慢发展，营业收入从最初的几百万，几千万，到几个亿，十几个亿，几十个亿，离不开每一个员工的奋斗和付出，通过这样的方式去肯定和激励员工，让他们从心里感受到自豪和满足。”韩全胜之所以有如此大的信心，与其曾经经历的一个故事有着莫大的关系。

即使是离职的员工或者是创始人、以前的股东……大部分人离开中核海得威时，内心对中核海得威仍是有感情的，且有一份信任。

中核海得威曾经有一个股东，也是公司创始人之一，早在 2004 年就退出中核海得威。如今如果韩全胜遇到一些棘手的项目，还是会咨询他，逢年过节的时候也会去探望他。这位创始人是一名医生，他曾跟韩全胜说：“我现在跟海得威没关系了，你们还这么尊重我，愿意请我做公司的顾问，我真的很开心。”2017 年，韩全胜刚刚进入中核海得威，第一次去拜访这位老创始人时，他紧紧抓着韩全胜的手说：“小韩，你差点就看不到我了，刚刚过去的半年，我遭了大难。半年前体检发现血管畸形，经过详细检查，要做一个开颅手术。就在做手术之前，我跟我老伴说，万一我醒不过来，倒也罢了；可万一我醒不过来还有气，你就打这个电话，一定要去找中核海得威，这个企业一定会管我的，至少会给我请个保姆照顾到我咽气。”正是老先生对中核海得威的信任，甚至是一种无形的归属感，深深感染了韩全胜。

听完这番话，韩全胜能感受到，老先生对中核海得威是有感情的，他相信中核海得威也一定会反过来去拥抱他。一方面因为他曾经对中核海得威做出的贡献，另一方面是他基于对中核海得威的信任和企业价值观的认可。

“老先生对中核海得威的这种信任，恰恰就体现在这种类似留遗言的时候。我当时听他讲这个故事，真的很感动。”大抵，对于一个领导人而言，这样的故事，是对自己所管理的企业，最大的认可和赞美了。

如今，这位老先生还在经常给中核海得威提供一些新的科研方向，为中核海得威的科研项目论证出谋划策，从医生的角度，为中核海得威的发展贡献自己的力量……

在中核海得威，无论是已经离开公司的人，还是目前还在职的人，都会让人感受到他们对海得威的感情。这就体现了一个企业的契约精神，无形中跟员工有了这种羁绊。即使已经离开了，在他生命里，最危急的时刻，想到的还是这种羁绊。

小到一个人，大到集团企业，“人情的温度”很重要。

“从我的角度来讲，希望不管是怎样的员工，在中核海得威工作过，哪怕只有一天，他在这里面是有收获的。现代企业有一个特别好的机制，就是‘进’‘出’，底层员工必须流动，不流动就死了，对吧？这是企业最鲜活的东西。它的逻辑是什么？中层一定要稳定，底层一定要流动。比如，一个人在底层呆了三年，学到很多东西，可如果三年他不往上走，就再也走不出去，我们底部就死了。所以底层务必流动。”如今韩全胜对于管理，有了更深一层的理解，管理不仅仅是制度的制定，更是人情味的彰显。

又比如，中核海得威正在推进中层管理人员契约化管理，明确契约目标，体现薪酬兑现的强激励、硬约束，坚持业绩导向，强化精准考核有效激励。这是压力和动力的转换。

“我们一直在向员工强调一个价值，员工无论是低层、中层还是高层，进来以后，企业都只是一个发展的平台，如果无法实现员工的个人价值，或者给予升职空间，不管是多长时间，这个企业的价值导向就有问题。所以我们在设计管理层、技术层以及技能层，都有他们各自的职业发展的通道，让他们个人的能力和价值，有充分发挥的空间和路径。

如果这个员工有一天从我们公司里走出去以后，职位提升了，工资收入上升了，然后个人体验上升了，这也是我们企业的成绩。”

企业管理，在韩全胜看来，一个领导人还应该有一颗更加包容和宽厚的心，来接纳每一个员工。

比如，一个员工他在中核海得威是质量工程师，很出色，出去之后其他企业请他去做质量经理，做管理，作为原来的领导，韩全胜说“非常自豪”。感到自豪，是对每一个员工未来发展的肯定和鼓励。

“之前，我们有个刚进来两年的员工，她考上了香港科技大学的全日制硕士研究生，我们很高兴地给她举办了欢送会。员工在深圳这种打工的环境里，仍保持一个向上的学习劲头，这是我们鼓励的。

所以说，我的价值观是鼓励这些员工在中核海得威，就要有收获。不管他出去以后，他对我怎么评价，对公司怎么评价，这不是我在意的事情，我在意的是他在中核海得威成长了吗？收获了吗？比如，我们招进来一个清华的本科生，我们都知道清华本科生，都是各个省很高的分数进的清华。当然不管是清华，还是其他院校的，甚至是一些普通院校的本科生招聘进入公司以后，我们希望他进入中核海得威，要有一个提升，这个提升不一定是职位上的，而是他的能力要提升，他的市场竞争力要提升，公司为他们提供一个锻炼成长的通道。这是我对人才培养的一个理念。如果几年之后，这条通道断掉的话，或者根本就把人家浪费的话，这是对人才的浪费。"

韩全胜全新且先进的管理理念，也正是让中核海得威在未来，可以迈上重要一步的基石。它是让员工凝聚和团结的调和剂。这个调和剂，体现在很多方面。

契合了新中核新时代的点。自2018年以来，中核海得威为促进公司发展推动了一些改革的举措，人才肯定是一个非常重要的方面。在中核海得威发展的现阶段，公司市场化选聘了专业人才，因为公司在不同的发展阶段需要不同的人才。中核海得威有很多在公司工作十几年的骨干人才，这些骨干人才也走到了不同层级的管理岗位上。但是这些人才，他们过去的成功经验并不代表着适应今天海得威新的改革要求，所以中核海得威一直在提倡一个"变"的思维，就是人的思维方式要适应现在的时代发展的要求。

例如中核海得威的技术带头人，也是需要有稳和变的思维："呼气试验药品技术带头人，有一定压力，一来比较年轻，尚未有成果出来；二来也有挑战性，就是让自己持续不断地努力，创造出成果。"

在这种情况下，对于中核海得威的管理人员的压力很大，每一个岗位每一个部门都要去定指标做好管理。比如说采购部门的经理，公司会给他降低成本的各种采购指标，一年指标、两年指标、三年指标，每年考核，三年考核不合格的话，就自动淘汰了。类似这样的中层管理人员都要制定这样一个方案，市场化选聘，契约化管理。

第二个薪酬待遇方面，中核海得威得到中国同辐的支持，这几年发展得比较快，薪酬待遇方面固定部分占比降低了，浮动部分占比增加。2018 年以前，中核海得威员工的年终奖金占到全年收入的 50% 至 67%，经常收到员工抱怨，月发工资低，大部分员工月度税后收入就几千块钱，在深圳这样的一线城市生活是远远不够的。在这种情况下，中核海得威及时做了薪酬改革，优化了薪酬结构，增加月度绩效工资，一方面公司薪酬结构更加合理，增加了市场竞争力；另一方面，绩效工资每月都不是固定的，而是和公司效益、部门绩效、个人绩效挂钩，充分调动了员工的工作积极性。

另外一块就对于中核海得威科研及市场方面的，如今中核海得威的科研，成果转化这方面，鼓励早出成果，鼓励准确地出市场更能接受的成果。

他们出台了对于科研人员的定级，只要你在研发岗，首先，基本薪酬从实习研究员到高级研究员，这部分是公司人均工资的 1 至 6 倍不等，让研发人员能够安心科研。第二是有项目奖金，每个项目在节点或完成时会有项目奖金的奖励。第三最关键的是有新产品上市奖励，研发团队从新产品上市产生销售收入开始，按自然年度计算，连续奖励 5+N 年（N= 新产品研发合同规定的研发年数－实际研发年数），研发团队的奖励额度设定最高为年度销售收入的 6%，如果产品卖得非常好，团队将获得 6% 的销售收入奖励，可如果产品卖不动，只卖了 1 万元，奖励就只有 1 万元的 6%，这样奖励的差距也就拉开了，这就是鼓励研发一定要面向市场，以市场、以客户为导向来研发产品，产品受市场欢迎，销量好，对团队的奖励也越大。

第二方面鼓励提前完成，比如说前期立项的时候，这个项目，比较难，复杂，要三年才能去完成。可结果，团队经过一年半就完成了。团队节约出来的一年半，加上后面的 5 年销售时间，可以一起来奖励。在人才激励上，韩全胜可谓是“花样百出”。

中核海得威目前博士比较少，只有 6 个。所以，韩全胜也一直激励这些博士：“你既然是博士，必须做科研，不在科研岗上就是浪费。所以你们这些博士都要带项目，有这样的激励政策，你的能力大小能够充分展示，带领的团队也能够拿到奖励。基础工资是一方面，但是公司对你的肯定，对你在岗位上的肯定，是希望出成果。如果一个博士在 3 年、5 年内不出成果，你自己都待不住。另一方面，你们这些博士、这些项目带头人，都要有一个团队，这些团队是自由组合的，团队出成果，水平高，自然会有人跟着做，会承接你的一些子项目。”

2018年公司建立了研发中心，也是中国同辐研究院的分中心，一方面是中核海得威本身有激励政策，另一方面有好的体制。

最后就是市场方面。中核海得威的市场营销中心目前只做市场的推广和专家资源的维护；销售由服务商直接来做。所以韩全胜对于市场团队的建设，采取的运营方式是跟市场的增量挂钩的产业模式，尤其是在2020年疫情对市场影响非常大，2020年销售收入是2019年的80%左右，所以中核海得威领导层也一直在制定政策、调整方案，导向增量激励。

当韩全胜将这些如今以及未来的人才管理理念一一落实，中核海得威正式步入稳健的发展轨道之后，“安内便可心无旁骛地攘外”了。于是，中核海得威的公益时刻，便悄然开始。

要做公益，首先必须得进行调研。中核海得威当时先在社区开展研究，继而再往更遥远的地方。比如湖北、云南有些地方，车子是不通的，中核海得威的团队人员就直接自己扛着设备去检测，很辛苦。而且每天检测有时间要求和规定，一般都是等别人吃完饭，再检测。

所以，在这些相对落后的地方，做着这些事的时候，很多人的想法从原先可能有一些优越感，到后面真的是想为他们做一些实际事情而改变。

中核海得威也曾经去过内蒙古、甘肃等地区给当地人进行检测，100块钱的检测费，对普通老百姓可能不算什么，但对于那些长期生活在山村里的人来说，他们没有社保，是舍不得花这个钱，甚至是没有钱的。可是这些检测，关乎健康，如果一人得病，可能全家遭殃。所以面对这样的情况，中核海得威自己承担了所有的费用，是企业的责任，也是人间的温暖。

大步迈向　全新世界

中核海得威的企业使命是"让人类追求健康变得更轻松"，如今再来看中核海得威的诊断技术，诚然是一直践行着这一使命。

作为中核海得威研发团队，他们竭力为患者提供一种更为便捷、简单的诊断。原来没有呼气诊断系列产品，要诊断胃幽门螺杆菌，患者首先要活检，然后胃镜、胃部取样……一系列检查，无论对于患者还是医生，都是既费精力又耗时间的。呼气诊断系列产品出来后，在市场上坚持了这么多年，被患者所接受，因为诊断的过程既轻松又准确。

这就是中核海得威一直在努力的方向。

接下来，中核海得威还计划做其他的呼气产品，比如肺癌筛查。诊断肺癌，也是一个要经过一系列检查的过程，比如先照 X- 光，看看有无问题，然后取活检样品，再检验……

研发团队希望能研发出人通过吹气，能对肺的整体情况做一个筛查，而不必照 X- 光了。这样，大大缩减了检查时间，简化了流程，既节省成本，又让患者获益。

大抵，“如何更轻松”，中核海得威做得就是在现有的诊断方式上，来优化、简化已有的方式，让患者至少在诊断上，无需如此痛苦。所以，从中核海得威所做的这些，能看到都是在为了“更轻松”而努力。

正是在这样一种社会责任和道义的使命追求路上，中核海得威无论是研发，还是市场，都开始迸发出一股勃勃的生机，展现出全新昂然的一面。

在新中国新时代下，中核海得威整体的未来战略，也有着大的调整。

“在新时代，人力资源是第一资源，包括我们的研发，包括国内市场，海外市场，以及生产运营，这些都是公司需要的人才。公司资源也在对这些领域高端人才及骨干人才倾斜。对不同岗位类别的员工，我们会根据岗位特点采取不同的方式来进行精准激励。”说起未来，韩全胜期待不已。

2018 年，中核海得威做了薪酬调研，高管工资属于整个深圳地区的同行业、规模企业的 25% 之下，处于较低水平；中层管理人员工资水平位于 50% 左右，处于中间水平；普通工人工资水平位于 75% 左右，处于较高水平，人员薪酬水平竞争力在市场中是倒置的。

所以这方面韩全胜也一直在努力，一是人才引进，一是政策的改变。政策，包括公司的政策，体制机制，科研的政策，市场的政策。

2017 年之后，中核海得威不但在人才政策上有所调整，在资本运转上也有着不一样的改变。投资，是中核海得威实现经营目标的借助手段。资本运作的情况，还是跟母公司中国同辐给中核海得威的定位有关系。

中核海得威的定位是一个呼气检测或体外诊断的核心企业，需要本身在本领域内，通过投资、研发、投资壮大，这是定位，也是作为未来的体外诊断的支撑，也是同辐的支撑板块。

2019 年，中国同辐对中核海得威的资本从 2500 万注册资本增资到了两个亿。可以从中看到，同辐在过去对中核海得威的定位，是一个现金流，争取利用 2500 万的注册资本，每年可以有几个亿的净利润。而现在对于中核海得威的定义是利用现有平台，争取更多的资源，扩大企业的发展。以前，定义中核海得威是一个暂时的利润支撑，还支持生存和发展的这样一些应用。所以中核海得威在确定这样定位的时候，也在争取每个大企业的资源，也在激烈地争取更多企业的支持，特别是企业的发展。

如果中核海得威给自己定的战略目标，可能需要资源，需要去投资，需要把自有的资金投向研发，投向数据库，然后才能够扩张，才能够做大。

“对于中核海得威这样一个企业，我们有一个想法就是说，中核集团还是央企、国企，大家都在讲，国企竞争不过民营，因为从工作效率或者竞争的活力等机制方面，我们希望在这样一个环境下，中核海得威作为国企控股的混合所有制的纯粹市场化的一个企业，在适当放权的情况下，在过去的发展历史，证明国企有做得好的，有优势的，但是有很多需要改善的地方，包括这种用人激励机制和混合所有制等方面。所以我们在想，我也希望有这样一个平台，把一些改革的思路，包括新时代的一些新的想法进行实践和调整。

我不信一句话，就是国企做不过民企，在一定的条件下，我们希望做一个样板、模型。”韩全胜相信，对于中核海得威来说，如今既是挑战，也是机遇，就看如何去突破、去转变和走向更广阔的世界。

从目前来说，中核海得威到现在为止，取得了阶段性成功。在韩全胜看来，成功的主要因素有三个：第一是产品优势，就是中核海得威独特的产品，无创诊断幽门螺杆菌。第二就是体制优势，混合所有制，市场化程度高。第三，营销模式的优势，采用服务代理模式，有别于一般代理商的模式。通过企业的有效管理，让服务商通过良好的服务提升企业品牌的价值，从而促进企业与服务商共同发展。

所以中核海得威目前到现在这个阶段，有三个因素，产品的优势、体制的优势，营销模式的优势。

这也是中核海得威区别于其他企业的优势和特殊之处，也是其在发展过程中最核心的转变。

未来，中核海得威股权配比也许也会有一些相应举措来改变。因为团队在不断变化，韩全胜认为，其中一种可能性就是通过不断的股权融资，去股权置换，引入一些战略合作伙伴，把产业链给做大。

所以，未来公司必须得去加强服务，形成一个灵活的、股权多元化、产品多元化、人才多元化的中核海得威。

中核海得威的一个愿景，除了呼气检测之外，就是希望在中核集团的稳定同位素技术应用方面有所突破与发展。

中核海得威前身是民营企业，所以党员的基数很少。公司整个班子里面只有三个党员，所以对于整个公司里面党委的领导作用发挥不够充分。

第二，党组织在指导生产经营过程中的变化。在市场中，怎么样才能发挥好党委的领导作用，党支部的战略堡垒作用，以及党建和业务的融合等等几个方面。有一篇《混合所有制下的党组织党建工作的探讨》，有讲到体改的。”

对于中核海得威来说，党的领导力有促进作用是无疑的，同时，中核海得威的特殊性，又决定了它多元化的企业文化，即民营企业的基因，国有企业的精神。这种精神、情感渗透到员工心里，以及企业文化，也是有着良好积极的一面的。

2020 年正是深圳改革开放 40 年，中核海得威得以在这样一个速度至上的环境下，紧跟步伐发展，也是有着其不可替代的优势。

如今中核海得威发展到当下的高度，它的眼光便开始走向更大更新的天地。未来国际市场战略里面，亦是有着洞见的战略。

每一个不能忘记的日子，都有着无法磨灭的回忆。那过去了的，终将变成最为深切的怀念。

无论对于谁来说，只要曾在中核海得威里拼搏过，流泪欢呼过，都能深刻体会到“没有一个人是孤岛”的欣慰感。每一个海得威人，都像是一枚石子，在中核海得威的历史中，都激起过一点涟漪，而这涟漪，层层荡漾，又将中核海得威推向更远的地方。

在这刹那即永恒的涟漪中，他们相信，所有梦想，终将如期而至。中核海得威，在深圳速度中，也将撑起一片自由又自律的天地。

“

The Second Affiliated Hospital of Soochow University

总医院

心之所向　即为光明

始建于1988年的苏州大学附属第二医院，又名核工业总医院、中法友好医院，至今走过30多年的发展历程，成为一所集医疗、教学、科研、预防、核应急等为一体的三级甲等医院。医院由原苏州医学院具体建设的，属于核工业部。苏州医学院在当时，有一些极具特色的学科，跟核工业发展、核事业发展有着紧密联系。

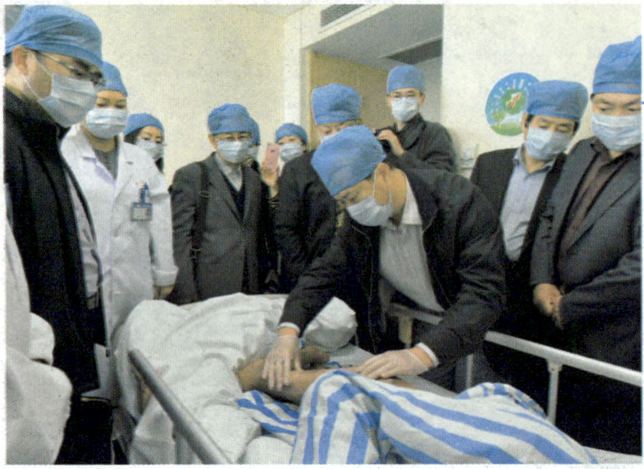

2015年4月22日，国家、省市各级卫计委专家来院了解关于南京放射源丢失事件病人多学科协作救治

2017年2月14日，中欧核应急项目成果发布会

2019年12月5日，三大中心落户核工业总医院

2020 年新冠疫情期间，核工业总医院驰援武汉

2020 年 2 月 9 日，核工业总医院紧急救援医疗队再出征，第二批医疗队 16 人驰援武汉同济医院光谷院区

2020 年新冠疫情期间，医院组建医疗队前往巴基斯坦开展医疗援助和疫情防控工作

核应急资质

【新生的故事】

总医院　心之所向　即为光明

2000 年，苏州医学院与苏州大学合并。虽然经历了这次变革，但因医院特殊的使命，使其仍然归属于中核集团。医院作为核事业发展的医学保障基地，是国家核应急医学救援技术支持中心、国家核应急医学救援分队、国家核应急医学救援培训基地。设有放射防护国家重点实验室临床中心、国际原子能机构辐射应急准备与响应能力建设中心、放射医学转化中心、核辐射损伤救治中心国家卫生健康委核事故医学应急中心第四临床部。

正因为核应急医学保障和核技术在医学领域应用两个特色领域，医院的发展与核技术，不可分割。

纵观30多年的岁月，"从无到有、从少到多、从普通到精湛、从合格到卓越"，这是医院发展的道路，也是医院每一个医生、护士成长的过程。这期间，有很多故事登上历史舞台，每一个见证医院发展，参与核事业发展的人，都因着各样的故事，欣喜过，欢呼过，悲伤过，也痛哭过。嬉笑怒骂，无非是为了成全一个"大发展"。

这些值得记住的时刻，连同那贮存着饱满情感的瞬间，必须珍而重之地护送，聚合成最明亮的星海，传递至所有人的眼前。

世相纷繁，意外迭生，正因有他们，才能看见生命的光亮。

一粒种子　奠定医者生涯

日历轻轻地翻开了新的一页，
新的一年，悄悄走到我面前。
我用欢呼雀跃的心，
欣然享受着未来的无限可能；
人生，将孕育
多少的期待、多少的向往、多少的渴望。

写下对新年的期待时，选择读放射医学的陈嘉蓉想象着毕业之后的忙碌生活。然而此时，耳旁响起二舅的声音："咱们蓉蓉真有出息，上大学了，读的什么专业呀？"

"放射医学。"她笑嘻嘻地回答。

"什么？医学？那很厉害的专业，以后毕业当医生。"

"舅，是放射医学，研究核与辐射损伤的救治。"

"什么！不好不好，这个不好，我听说核辐射很强，对人身体不好。你怎么选这个呢？"二舅一边说着一边摇头，便出去找其他亲戚聊天，说起嘉蓉的专业，众人不免一阵叹息，无不摇头惋惜，觉得她上了好的大学，怎么就不选好一点的专业呢。

亲戚们的连声"不好"，一度让陈嘉蓉很郁闷，也造成了她与母亲之间的矛盾。母亲等众人的不理解和不支持，让年轻的她，亦是产生了困惑。她不明白，为何这么多人只知道核的辐射，却不知核的好处。

时代浪潮里，她并不奢求能够站在时代浪尖上做一个"弄潮儿"，唯有心底的梦想，让她力排众难，投入到放射医学的学习中。因为她清楚，"核"并没有如此可怕，当人了解它，便会知道，它很有用，还能为人的健康带来医治。对于"核"的学习，尚未深入，已然心折。

而她，只是希望让核能够在更多的领域和环境下生根发芽、开花结果。这是她学习"核"的种子。

岁月匆匆，年华流逝。转眼几年过去，陈嘉蓉已是本硕连读七年后，毕业来到了苏州大学附属第二医院工作。之后，人生按着正常轨迹往前进，结婚、生子。

工作，她很喜欢，觉得既有意义又有价值。可她的工作，却总是成为引发家庭争吵和矛盾的导火索。

陈嘉蓉怀孕期间，因科室里接收了一个被辐射的病人，母亲听说后，哭闹着不让她上班，说是这样的病人有辐射，会影响宝宝……甚至有时候，以自己的身躯挡住大门，不让她出门上班。

"咱们以防万一啊。"

"就当我无知好了，蓉蓉，别去上班，有辐射的。"

"你怎么就听不进去呢？"

……

母亲每日絮絮叨叨，以为能让陈嘉蓉妥协。可她显然低估了女儿的坚持。

"这是一个外照射病人，身上完全没有辐射的。"

"妈，从专业角度看，这是完全没有伤害的，不会影响宝宝。"

"我学了这么多年核的知识，不是白学的。我懂得怎么保护好自己和孩子。"

……

可即使陈嘉蓉再怎么强调、解释，都不能消除母亲的疑虑。对于陈嘉蓉来说，这是一个拉锯战，而她不能妥协。正如当时选择大学专业时，面临那么多人的质疑时，她都没有放弃。

整个怀孕期间，家人也是诸多担心，担心在科室工作，会有辐射，影响胎儿的发育。面对母亲的哭诉，亲戚们的不支持，陈嘉蓉心里却愈益认识到，即使时间一年一年过去，可周围人对核、对核辐射的了解，仍是知之甚少，甚至谈“核”色变。

磕磕绊绊的孕期，如履薄冰的母亲，兢兢业业的嘉蓉，生活一如既往地过着，之后终于迎来了小宝宝的降生，一个重 3.95 千克的婴儿。当她的母亲抱着这个健康肥硕的宝宝时，抬头看女儿那一瞬间，释然地笑了。

正因为自己的经历，在医院工作的几年时间里，陈嘉蓉不仅救治病人，恪守医生的本职工作，还一直坚持着另一个工作——不断地向人们科普“核”，宣讲与核相关的知识。她心里原来的那粒种子所迸发出来的能量，让她矢志成为一名医生，可只是医生还不够，必须让更多的人认识核，学习核，宣讲核，消除人们对核的误解，理性地看待。

“总要有人去承担这份社会责任，我们不能总指望别人去做，指望别人去承担。我有这样的经历，所以我更能感同身受。”她说。

在与家人斗智斗勇的过程中，她愈发知道，想要种子发芽，必须有肥沃的土地。预备“核技术发展”的土地，不仅包括技术的发展，还有人对核的认识和接受。

然而，一个人的力量太有限，而投身于苏州大学附属第二医院工作，便成为她顺势而为的道路。

1988 年成立的苏州大学附属第二医院，自建院伊始便担负着三个使命：第一，为核事业的发展做好医学保障，这是首要责任；第二，为国家培养医学人才；第三，守护老百姓的健康。

三个责任，于一家医院而言，既有普遍性又有独特性。随着医院发展，基于这三个基本责任之上，核技术应用也渐渐被列入医院发展使命中。

“核技术应用，主要分两块内容，军用和民用。军用方面，就是我们熟知的核潜艇、原子弹，这是彰显我们家国硬核实力的东西。民用方面，主要在工业、农业、医学、安全等领域。医学方面，核技术应用非常广泛，比如我们经常听到的癌症要放疗就是用的核技术，还有核素检测治疗、放射诊断治疗，以及一些血液中的肿瘤指标检测……这方面的应用，与我们的健康息息相关。”这是陈嘉蓉在一次宣讲中，给一群大学生科普的核技术应用的内容。当她爽朗的声音响彻教室时，看着座位上一张张年轻的面孔，恍惚想起曾经的自己。

因为在她曾经困惑的时候，在她被众人质疑的时候，是老师耐心的讲解消除了她心里的顾虑，是科室主任细心培养，让她愈益坚定自己的道路。

医学的传承，有时候并不只是技术能力的继承，更有思想、理念、品格的传承。如今她能坚持下来，只因自己遇到一位好老师、好领导——刘长永。

"既然选择核事业，那就说明你们是不怕的。可只是不怕，远远不够。要热爱她，选择核事业，前路种种障碍，无论是外在条件还是技术，抑或周围人的质疑，我们要冲破这些障碍，就先要自己爱它。因为我们不舍得放弃所爱之物。"

"如何让核技术在更多领域发展，光靠我们少数几个人是不行的，我们要让更多的人来帮助我们，这些人可能是我们的家人、朋友。他们的理解和支持，就是最大的帮助。"

"神圣的事业总伴有痛苦，但是，也唯有这种痛苦，能把深沉给予我们。"

……

刘长永字字金句，语重心长地鼓励她、安慰她，一幅幅情景，恍如昨日。也正因为刘主任的步步带领，让她在经历了痛苦时期之后，逐渐有了一颗抵挡风雨的深沉之心——"无论外面如何狂风暴雨，我仍毅然坚守初心和梦想，奋战在核事业道路上”。

如果说，起初对核的坚持，是因为自己的梦想和核事业的传承，那么在与刘长永主任一起经历了那一场大救治之后，陈嘉蓉更加坚定了自己的道路。

“水波温柔，阳光强烈，活在这珍贵的人世间。”意外或疾病面前，生命是如此脆弱又坚强；而医生，是守护生命的最后一道防线。

一场救治　创造医学奇迹

威廉·奥斯勒曾说：“医生追求的应是，思路的清明、心底的善良和心灵的平静。学医的过程中要追求高度整合的心智与道德，要追求开拓务实的精神，更要追求慈悲。”

这话，若放在核工业总医院核辐射救治医疗团队救治南京“5·7”放射事故受照者王某行动上，恰到好处。对于曾面临生死、面临残疾等黑暗时刻的患者王某来说，医疗团队给予他的一切，是最真实的感动，深刻且难忘。这场大救治，无论对于刘长永，还是陈嘉蓉来说，注定终生难忘。

时隔半年有余，当王某于 2016 年 1 月 11 日再次踏入这个给他第二次生命的地方，内心非常激动。而当刘长永、陈嘉蓉看到曾经挣扎在生死边缘的他，如今蹒跚地走进医院，团队救治的一幕幕往事，再次浮现于脑海。

这一切的故事，还要从那次事故开始说起。

2014 年 5 月 7 日，天津某探伤公司在南京某化工园区从事辐射探伤作业，由于相关工作人员违规操作，导致一枚铱 -192 源脱落而没能被及时发现。早晨 7:00 左右，搬运工王某误拾了该放射源，导致其患有“外照射轻度骨髓型急性放射病合并右下肢局部严重放射损伤”。5 月 12 日，也就是受照后第 5 天，他被送至苏州大学附属第二医院接受诊治。

由于此次南京“5・7”放射事故被环保部定性为“重大辐射事故”，因此王某的整个救治过程，受到全国各方的关注。

如今再次回顾整个救治经过，可谓是跌宕起伏，一波三折。

精细治疗开始前，全身治疗稳机能

核辐射损伤医学救治中，迅速对受照人员作出剂量估算，是明确人员是否受到大剂量照射、辐射损伤程度和采取早期分类治疗措施的重要依据。

因此，在王某入院后，救治团队刘长永他们立即对其采集外周血行淋巴细胞染色体畸变和微核分析，并且邀请苏州大学放射医学与防护学院及数学系相关人员联合建立剂量估算模型，以更准确估算局部受照剂量及全身剂量，并完成等剂量曲线。最终，根据模型推算，王某在事故中全身等效受照剂量估算结果为 1.51Gy。救治医护团队再结合其临床症状、体征，诊断为“轻度骨髓型外照射急性放射病”；根据物理剂量估算结果，右下肢受照剂量 30 ～ 50Gy 最高点达 4100Gy，且皮肤及软组织发生破溃坏死，诊断为“Ⅳ度急性放射性皮肤损伤”。

剂量的确定，为后期的整个治疗提供了明确的方向和明晰的依据。

为了整个治疗的顺畅，免疫功能的增强，营养的维持至关重要。因此王某入院初始，救治团队集中资源和力量为其制定全身治疗方案，以补充维生素、改善微循环、增强免疫功能为主，为接下来的救治打下坚实的身体基础。

受照后第 34 天，王某的白细胞计数下降至最低值 2.7×10^9/L，骨髓象检查提示受照侧骨髓增生低下。面对病情的持续恶化，救治团队没有退缩，而是迎难而上，先给予患者以格拉诺赛特 150 微克皮下注射刺激造血，连续注射三天，白细胞计数逐渐升高，在出现一过性升高以后，逐渐恢复至正常范围，之后也没有再低于正常值。同时，救治团队还考虑到患者白细胞计数偏低，机体免疫力低下，偶尔有低热，且他右下肢皮肤伤口逐步破溃，基于如此病况，救治医生们间歇性给予患者广谱抗生素预防性抗感染及丙种球蛋白增强免疫力治疗，使患者全身与局部的治疗达到辩证统一。

“在为患者开始精细化的治疗、手术前，这个全身治疗不能少。这是为之后治疗打好基础。人的各项机能稳定后，才能安心进行后面一系列治疗。”刘长永分析道。

无论是救治团队的救治思路，还是刘长永的话语，无不在传递一种理念——将“病人”看成一个完整的个体，不仅是治疗他的“病”，更是在治疗“人”。

正如台湾著名作家张晓风所言：医生帮助患者时，是敬畏生命的，而在这敬畏背后所表现出来的是，总记得医药是有时而穷的，唯有不竭的爱能照亮一个受苦的灵魂。

皮瓣移植精准术，遵其心愿保患肢

在全身治疗基础上，救治团队还对患者进行分区域化的精细治疗。

王某入院后，右下肢股外侧皮肤破溃范围持续扩大，而且核磁共振成像提示右大腿外侧部及右髋外侧部皮下软组织、右侧股外侧肌及右侧阔筋膜张肌信号异常伴局部肿胀。救治团队针对患者右下肢局部皮肤损伤，制定了原创分区换药方案：破溃区需保持良好的皮肤生长环境、提供生长所需原料、防止感染，故用凡士林纱布外敷保湿、银离子纤维材料外敷吸收渗液及抗感染处理办法，而坏死区则干燥外露，避免坏死物质液化释放毒素吸收入血损伤重要脏器。

因此，对于坏死区，救治团队在王某受照后第62天后，对其进行了“右下肢清创术”，即右下肢伤口清创，切除坏死组织，并安装VSD（负压封闭引流装置）连接负压吸引坏死物质。

由于放射性皮肤损伤具有潜在性、持久性、进行性作用的特征，救治团队为王某进行第一次清创术后，他的右下肢放射损伤仍持续进展，伤口进一步扩大。为避免接下来多次反复清创手术，延迟治疗周期，救治团队经过各层会诊、讨论病情，最后决定待其患者放射损伤界限完全清楚，进行一次彻底的、综合的手术。

2014年10月25日，这一天终于来临。

救治团队准确把握皮瓣移植时机，给患者王某进行了“右大腿外侧放射性损伤扩创术＋股动脉探查＋背阔肌肌皮瓣、肩胛肌皮瓣组合移植＋背部取皮植皮术”，手术历经11小时后，顺利完成。然而，术后恢复情况并不顺遂，由于血供不良、感染等原因，移植皮瓣20%面积未成活；伤口分泌物培养多次见泛耐药鲍曼不动杆菌生长，影响恢复，医生们只能用VSD持续负压吸引。

2015年1月25日，距离第一次皮瓣移植术已过去三个月。王某伤口感染情况，相较之前，有所好转。医院经过全面评估和多次会诊，判断其恢复情况良好，可接受二次手术。于是，救治团队再次为患者进行“右下肢伤口清创术+臀下动脉探查+轴形皮瓣移植术+皮片取皮植皮术”。此次手术顺利完成。

然而术后9小时，出乎所有人意料，王某移植皮瓣血管吻合处突然渗血明显。面对这突如其来的情况，救治团队再次将其送进手术室，为其进行伤口探查，终于成功找出渗血点，立刻处理。当王某再次被推出手术室时，所有人都不敢掉以轻心，时刻有人守着、观察着，预防再次出血，幸好在这之后，再没有大量出血现象发生。

在之后的24小时，医护人员更是不间隙地守护着，时刻观察王某手术后的皮瓣血运情况，以便出现不良问题能够立即处理，确保移植的皮瓣能够成活。经过医护人员严密观察、精心护理、及时处置，移植的皮瓣最终完全成活，伤口也逐渐痊愈。

这对于所有人而言，无疑是一个极好的消息，也意味着整个救治行动取得了初步胜利，刘长永他们整个医疗团队在保住了王某的生命之后，更是按照其自身心愿，保全了他的下肢。

这鼓舞人心的好消息，不胫而走，原解放军307医院整形修复专家杨志祥教授更是对医院准确抓住皮瓣移植时机的选择以及手术方案，竖起了大拇指。

二次显微手术再造完美皮瓣，为整个艰难救治行动带来了希望和光明。而刘长永感慨地说："在疾病面前，无论对于我们医护人员，还是患者来说，希望，是像钻石一样珍贵的东西。"

多管齐下兼内外，康复出院创奇迹

双腿保住了，接下来摆在救治团队面前的难题，就是如何让这双腿"活过来"。

救治团队在刘长永主任的指导下，经过多方资料搜集、文献查阅，并邀请苏大附一院阮长耿院士及吴德沛教授会诊，一系列前期工作有条不紊的进行。终于，救治团队发现，间充质干细胞是一种具有自我更新和多向分化潜能的成体干细胞，具有分泌造血生长因子、重建造血微环境、低免疫原性、易于外源基因转染和表达等优点。鉴于间充质干细胞以上功能及优点，救治团队遂决定在患者第二次皮瓣移植术后，应用脐带间充质干细胞输注，来促进新生血管及皮瓣的生长，为皮瓣移植成功"推波助澜"，缩短"双腿复活"的恢复期。

此外，根据术后观察，王某的右下肢伤口分泌物多次培养结果均显示有泛耐药鲍曼不动杆菌，之后又出现耐甲氧西林金黄色葡萄球菌，甚至病房里的有些物体表面也检测出有鲍曼不动杆菌。可是令人棘手的是，药敏结果提示该细菌仅对多粘菌素敏感，而目前国内医药市场尚无售卖。

面对这顽固的细菌，救治团队经过多次、多科专家会诊，先后应用替加环素、亚胺培南、卡泊芬净、利耐唑胺（斯沃）等限制级抗生素，并用多药联合抗感染方案；同时给王某静脉滴注免疫球蛋白，以提高机体免疫力治疗；另外，VSD 真空负压封闭吸引装置为伤口营造封闭环境，减少外部细菌感染机会，并且持续用生理盐水冲洗，保持伤口表面流通，有效促进伤口恢复。

正是在这种种内外兼顾、多管齐下的“办法对困难”的治疗护理下，患者王某的右下肢伤口分泌物多次培养结果显示细菌逐渐减少，效果显著。

在经过一系列全身治疗和局部精细化手术以及术后医护人员精心治疗护理下，整个救治团队攻克一个又一个难题，解决一波又一波危情，终于令王某平稳度过了危险期，进入恢复期，之后也没有再出现明显全身感染征象。

之后，王某逐渐恢复。刘长永在听说他的胃肠道复苏之后，开始要排泄了，特意亲自去病房看他。刘长永说：“对于一个经历过手术的人来说，这不仅仅是一次排泄，而是生命恢复的标志，比黄金还贵。排泄出来后，就说明这个人有希望了，这就是生命。就像女人生完孩子，第一次排泄都是最痛苦，但是最珍贵的。它意味着生命的恢复。”这种医生对患者救治好的内心满足感，也鼓舞了整个救治团队。

经过救治团队长达一年之久的精心救治，王某全身及局部伤口均痊愈，终于在住院378天之后，于2015年5月25日，康复出院。

当王某双肢健全地挥别一年多朝夕相处的医护人员之时，感激之情无以言表；而参与救治的每一个医护人员，内心亦是充满激动和欣慰。辛勤的付出没有白费，所有的努力，在看到患者离院回家时，化为了未来继续救死扶伤的经验和动力。

诗人冰心说："成功的花儿，人们只惊羡它现时的美丽；然而当初它的芽儿浸透了奋斗的泪水，洒遍了牺牲的细雨。"的确如此。于外人而言，刘长永他们创造了一个医学奇迹，而对于他们每一个人而言，这背后，凝聚着300多个日日夜夜的辛勤付出、随时待命和细心呵护。

医学随访显良好，心中大石终落地

王某出院半年后，按照既定的随访计划，在2016年1月11日再次踏入医院，进行全身各系统远后效应医学随访，检查其恢复情况是否良好，是否出现异常情况。

随访的结果令所有人心中的大石彻底落地，王某状况良好，在双拐的帮助下可独自行走，但鉴于其右坐骨神经及右股神经损害，右下肢功能仍需进一步康复训练；另外眼科检查新发现眼晶状体后囊下少数点状混浊，以及右下肢骨髓仍有水肿，需长期随访，以便早期诊断，早期治疗。

带着这样的随访结果，王某在 1 月 15 日检查结束后出院回家。

这一次，看着他离去的背影，刘长永的心情相较第一次，平静许多。因为此时的他心里明白，这样一次核辐射救治，整个过程都值得铭记，且应该将遇到的一切困境和解决办法，化为自身的经验和职业的使命，以期在未来遇到类似的病人，能够更精准地治疗和护理。

这是能力的沉淀，也是经验的积累。

“救治成功”激千浪，国际病例话经验

南京“5·7”放射事故发生后，医院第一时间向国际原子能机构（IAEA）通报了事故的具体情况。同时，整个救治行动，也备受关注。

事故发生后，经过核工业总医院医疗团队积极救治及国内专家的大协作，采用多种技术手段，最终保全患者肢体，康复出院。此消息一出，立刻在国内外行业内激起了千层浪。

1999 年 2 月 20 日，秘鲁发生类似 ^{192}Ir 放射源外照射事故，也是一名焊接工在修复设备时受到照射，受照部位同为右下肢，可是由于没有及时进行皮瓣移植、控制感染，最终他虽然保住了生命，但双腿被截去。

两个病人遭遇的是相同的经历，却是完全不同的医治结

果，而他们今后的生活，也必将全然不同。也正因此，王某的康复出院，引起了各方激烈讨论。

时任苏州大学附属第二医院党委书记王少雄说：“对于中国来说，这是第一例在 IAEA 记录的放射损伤案例，体现了中国放射损伤临床救治与国际相接轨，可进一步开展国际合作。通过此次放射损伤病例的救治，医院获得技术层面、管理层面等多项成果。”

技术层面，在刘长永看来，此次放射事故救治方案相较国内以往事故，有多项新技术应用于救治过程中，所以医院总结出很多放射损伤临床救治的经验，包括“三明治”换药方案、真空负压封闭引流装置（VSD）在局部损伤中的应用、间充质干细胞（MSCs）的应用、心理疏导及营养治疗的早期干预等，以及肌皮瓣移植手术时机及手术方式的精准把握，尤其是 MSCs 成功应用于放射损伤伤口的修复，为 MSCs 在放射损伤领域的临床应用提供了很好的临床验证。

身为医者的刘长永，这次全力以赴的救治，也是医生自然而然的本性，以及他救死扶伤的初心和对生命的敬畏。

“王某的整个救治行动，医院其实都是亏钱做的。为什么呢？因为在面对这样特殊的病例，不是钱能解决的问题。在医学上，这是个极有价值的病例，是有特殊意义的，对我们医院和医生们在技术、科研方面的积累都非常有帮助。而且，这种医生治好病人内心的满足感，是钱不能衡量的。医生有时候面对一个疑难杂症，本来这个病人是没希望的，在他手上却治好了，获救了，这种幸福满足，从他的一言一行甚至一个眼神里能感觉得到，是非常有意义的。”说起诊治过程，刘长永记忆犹新。

管理层面，王少雄则认为，此例放射损伤患者的成功救治，得益于多学科的大协作以及国内专家的智慧贡献和通力合作，这体现出我国放射损伤的救治水平，再创放射医学辉煌。这种合作形式的意义重大，可以上升为今后我国放射损伤救治的机制，也为今后制定放射损伤救治标准、规范提供参考依据。

时任院长徐博也是亲身经历了将王某从死亡边缘拉回来的过程。整个救治期间充满艰辛，即使王某两度心跳骤停，救治团队以救死扶伤、永不放弃的精神，哪怕只有1%的希望，也竭尽所能救治。正因为王某的救治成功，在之后专家交流活动中，尤其国际原子能机构，对医院的这场大救治给予高度赞赏。同时，国际原子能机构的权威专家还推荐一个国际上类似病情的患者，是格鲁吉亚的一个病人，在19年前因辐射损伤，腿虽然保住了可后来又出现了一系列的问题，专家推荐来中国医院看看，最终因为各种因素，这个患者没有来成。

虽然徐博心里略有遗憾，但无论如何，王某的救治成功，极富重要意义。正是因为医院有救治重症病例的经历，一旦国际上类似的病例被推荐过来，医院敢于承接，这体现大国担当，也是一种国际人文情怀。

患者王某的整个救治行动，不仅体现了医院在核应急方面的救治能力，更体现了中国在这个领域地位不一样了，包括在国际原子能机构的影响力。之后，经过一段时间的沉淀和总结，救治团队更是从多个角度总结放射损伤的临床救治经验和教训，在《中华放射医学与防护杂志》临床救治论文专辑上发表，将救治经验毫无保留地分享出去。

回顾整个救治过程，救治团队系统地总结了该起事故的起因、卫生应急处置、临床救治、医学随访和康复等，并与国内外类似病例相比较，重点探讨出救治原则、共性机制、全身与局部关系、躯体和心理配合、抓住主要矛盾等救治策略及剂量估算、皮瓣移植术、间充质干细胞应用、感染控制、营养支持、康复训练及心理干预等救治技术，为核与辐射事故医学应急提供临床资料和经验积累。

这对放射医学的学科发展具有重大而深远的意义，为中国放射医学的国际交流加大筹码，有助于促进放射医学上升到一个新的台阶。

“云水苍苍，江水泱泱，医者之风，山高水长。”如今，

“医生”二字，则是将人的苦难化为平安的称谓。为配得上这二字，他们不仅要有“思路的清明、心底的善良、精湛的医术”，更要有“慈悲的仁心”。仁心之“仁”字，其实是两个人——医生和患者，所以医生之于患者，要守得住生命，担得起责任，行得出使命。在面对一个个鲜活生命，核工业总医院的每一个人，都在这铸就“仁心”的路上，孜孜不倦，兢兢业业，且永不放弃。

一张蓝图　妙手担道义

王某的“重生”经历，不仅让人看到了为医者的一颗仁心，更是给予了刘长永、陈嘉蓉两代医生们，在核应急医学救治上深刻的反思和实际经验。

如果说仁心是医德，那么核医学救援则是医术的考验。

纵观医院建院发展史，甚至再次回顾医院建院使命，核应急救援始终是一项重要工作。

所谓“养兵千日，用兵一时”，如果平时没有未雨绸缪的意识，那么如何在关键时刻，发挥作用呢？

回溯历史，国际上苏联、日本等国家，都曾经发生过核事故。无论人为还是自然之因引起，核泄漏事故，都会对人类、社会造成重要危害。

20世纪90年代，中国帮助巴基斯坦建第一座核电站。时值医院建院初期，亦是人才需求的时期，条件非常艰苦和有限。可为了保证当时所有参与建设的人员安全和健康，医院仍然本着建院使命，派出精英级别的专业医疗队驻扎在建设基地，预防核电站建设时期各种意外情况，在做好应急救治保障的同时，保障建设者的健康。

"的确，当时我们医院刚成立，正是人才紧缺的时候。可即使如此，建核电站如果没有专业的医疗队跟随，就相当于没有核专业领域方面的医学保障，危急时刻人就得不到及时有效的救治。这些都是需要我们提前考虑的。"在回忆起医院曾经的这个决定，徐博虽然不是直接参与者，却也是非常认可和肯定的。

在中国核技术的国际推广和应用，在这个"走出去"的过程中，巴基斯坦扮演了一个很重要的角色。

2019年，巴基斯坦出现"登革热"。那一年，中国正和巴基斯坦进行着第二个核电站的项目，中国有很多技术人员在那里工作。

"登革热"的传播情况，比所有人想象的都快。医院接到任务之后，立刻派遣了一支医疗队前往当地进行现场救治，驻扎在那里，给每一个参与建设的人员一个强有力的医疗后盾。

当医疗队到达巴基斯坦时，他们发现，除了登革热的救治，预防其他疾病也很重要。极致的气候条件，变化多端的自然环境，医疗队选择留在了当地，坚毅地守护所有建设者们的安全和健康。

2020 年，新冠肺炎在全国蔓延，各省支援湖北，医院亦不例外。在资源紧张、人员稀缺的环境下，派医疗队前往武汉一线支援。

就是这样，医院的精英一部分驻扎在了巴基斯坦，一部分去了武汉，而剩下的留在医院守护着“大本营”的安全和秩序。

很多人不理解，在医院自身紧缺情况下，为何还要一批批派医疗队出去呢？诚然，人员的派遣，会让医院医护人员紧缺，可在徐博看来，这些举措更是中国核技术走向世界的过程中，遇到的一些紧急情况，医院理应做出的及时反应。

正因为医院的独特性，肩负着核应急医学救治的使命，在日本福岛核事故发生之后，日本所有的航班到中国来，都一律要检测。华东地区如南京、上海、杭州等，只要日本有航班过来，就要检测一下所有乘客身上有没有放射性，包括内照射和外照射。在这个过程中，医院被政府委以重任，负责承担核酸排除工作。

例如日本航班降落，乘客下飞机之后，首先要接受一些探测，探测过程中如果出现疑似有放射性的，就必须到医院做进一步的排查和检测，确保没有"漏网之鱼"。这个任务很重要，是为了保证国家、国民的安全，也是医院的使命所在。

核应急救治的医学保障，包括两个方面，一个是预防，一个是救援，这都是要考虑和规划的。

同时，原苏州医学院院长杜子威作为徐博的长辈，也是时常记挂着医院的情况。2019 年他回国之时，徐博去探访老人家，谁知老人家一直跟他探讨核应急医学救治的情况，分享的也是福岛核事故的教训。

徐博也将自己的初步想法跟老先生聊起。

"老师，我担任院长年限不长，对医院的整个发展也是有一个逐渐认知的过程。福岛核事故之后，我也一直在梳理，在思考今后医院该朝哪些方向着力。如今，我已有了初步的思路。尊重现代医学发展规律，大力发扬医院特色，加大核技术人才培养，是可以跟咱们的大学一起做的事情。核医学、放射治疗等专业因为有历史基础和优势，可以进一步大力发展，成为医院特色和王牌。

核技术在医学领域的应用，我把它定为医院二号工程，为何？因为这一块内容国内其他医院也都有涉及，如协和医院也有放射治疗，且综合实力很强。可无论再强，在我看来我们跟国际上最好的还是有一定距离的。核技术医学应用其实是需要硬实力支持的，要专门的病房，要专门的实验室，要有重器，除了好的加速器，最好有质子、重离子等先进设备。而且防护要求很高，包括病人排泄物也要专门处理。目前我们与国际先进水平还有距离，要先做到全国一流。

因工作探伤等民用领域，其是多年下来，辐射损伤的病例是比较零零散散的，如江苏、山东等地，有相关病人，其他医院救治不了，就会送到我们医院来，可这些救治从整体来看，还是小范围的，能积累的经验也是十分有限。即使是南京“5·7”放射事故中患者王某的救治，虽然备受瞩目，我们的救治也是既保住了他的生命，也保全了他的双腿，可毕竟当时病人数量就 1 个。如果，今后我们遇到大范围这样的救治，有 100 个这样的病人，该如何应对和解决呢？

所以最重要的一项工作，就是核应急医学救援——我把它定位成首要工程、一号工程，因为事故一旦出现，特别是大事故，是极其恐怖的，也是最考验医院能力的。纵观全国，这方面我们医院还是有很大优势的，即使是协和医院目前也是没有专业队伍的，因为这需要医疗团队人员一定在这个领域，专业知识非常强。其次还需要医院的综合救治能力支撑，才能够承担这样的任务。

“当然，两个工程内容要相辅相成，互相促进，平战结合。”徐博在恩师面前，真诚且客观地分析着形势，且说出了自己对医院今后重点方向的思考，那就是核应急救援的工作，他希望通过医生们的一双妙手担负起危难时刻的社会责任与生命道义。

"你作为院长，有这个长远的目光，对医院今后的发展很重要。一旦有万一，这种紧急时刻，核应急救援的医疗能力，就体现在这里。现场救援，我们是要真刀真枪地上的。"老人家很欣慰自己的学生也有同样的领悟。

诚然如此。一个国家，真正的强大，不仅在于经济发展如何迅速，也要在特殊时期、危难之际，能展示我国核应急第一反应的应变能力、担当能力如何。正如中国核事业的蓬勃发展，不仅在于到底建设了多少个核电站，有多少台机组，而是在做了这些事情前提下，安全有保证，且当国际上其他国家遇到难题，能为之解决，这才是一个大国担当的真正体现。

核应急医学救治中心平台的建设，便是基于这种未雨绸缪的大国担当之上。徐博有了这样的初步想法，大致规划了自己接下来需要做的事情，便迫不及待地找来王少雄、刘长永等，与班 A 一起商量谋划医院未来发展路径。

当徐博提出自己的想法时，大家反复讨论，在争辩中不断形成共识，医院本就有这样一个责任和使命，把核应急救援这个工作做好，对医院的意义也非常大。在这样热烈的氛围里，他们确定了医院今后的重点发力方向。

蓝图已绘，接下来就是如何齐心协力一起去执行和实现了。

一路坚持 仁心铸辉煌

当医院将今后的发展明确之后，他们便开始了布置一系列的工作。走一步，看三步，是他们接下来执行时必须要有的眼光。

核技术医学救治工作，他们以做到“国际一流”为最终目标，首先根据医院目前的能量和实力，先从国内核技术应用开始，朝着“国内一流”方向前进和努力。

虽然“国际一流”，没有硬性的标准，但每个人有着不同的价值体系、思维和判断，对“一流”的理解也不一样。在徐博心里，目前核应急救治，还没有标准的参照模板，医院在这个领域的能力和影响力在圈内外有不可替代的作用，便是“一流水平”，整体能力，必须在国际上处于领先水平，就是当国内或者国际同行遇到相类似的疑难杂症时，首先想到的就是核工业总医院，知道这家医院有这方面的救治能力。

自己再怎么说“如何如何厉害”，没有用，要同行的其他人说“厉害”，被行业认可，被领域的专家推荐，才真的是“一流”。

当徐博想明白这些，再跟其他人解释清楚这些，“核应急救援救治中心”便有了一个雏形，即急救上的“五位一体”。

何为“五位一体”？其实，就是急救救援能力的全过程、全天候和智慧化。

第一，急救的调度指挥，发生事故之后，被急救的人信息立刻传送到“急救指挥中心”，中心下达相关指令，医生或者护士根据信息进行预判和准备。根据指挥调度，医务人员有序有备而战。

第二，院前急救，救治中心的医生根据“指挥中心”的信息，就大概知道了病人是什么疾病，可以派发相应的救护车，如心脏车、脑血管车、辐射损伤车……当然也包括跟随过去的相关专业医务人员，也是针对疾病的，尽可能做到“人－病、车－病”的对应原则。

第三，医院现场的急救平台，也就是人们熟悉的急诊科。如今急诊科已是一个比较落后的概念。目前大部分医院都在搭建“急救平台”“急救中心”。当然根据高水平、系统化的要求，这个平台或中心也应该划分区域，既按照疾病种类来区分，也按照疾病的轻重情况来进行处理。

第四，是重症救治。必须建设高水平重症病房和重症专业团队，对心肺等综合救治能力要非常强，能救命。

第五，是专科就诊。急救时，医生首要任务是保其生命，待生命体征稳定之后，再逐一对其进行针对性的专科救治，如脑血管专科、心血管专科、骨创伤专科、组织修复等。

这就是徐博脑海中“五位一体”的模式，它是按照急救全覆盖、全流程的概念来进行设想和规划的。在这五个方面里，徐博还创造性地提出“航站楼概念急救模式”。

“这个理念，我之前跟一个外国专家分享过，他听完之后觉得这个想法很厉害。其实把整个急救平台看成我们熟悉的机场，根据疾病种类停靠到相应的航站楼，以这样的概念来进行设定。无论救护车，还是病人，中心接收到信息之后，医生就根据信息互动，安排病人和急救车进入相应跑道，停靠到相应通道。比如，这个病人是危重的，那个病人是脑血管相关疾病的，就停靠到对应的脑血管救治区域上。然后，每个点又都有自己的流程，内部按照全病程管理模式，进行内循环，也可适当做些分区。当然，在这些都搭建好的基础上，医院还预留了弹性现场急救的余地和方案。什么意思呢？比如，设计预留重大、大批伤员救治场地，平时可停车，大规模救治时，可快速转换成救治处置区。其实，这个国际上已有模式和参考样本，不过主要还是在急救区域里有分区、分类。”

在这个急救的机制上，徐博将核应急救治切入在其中，也可快速转换。如果真的遇到核事故，事故受害者也可以在这个急救系统里得到及时救援和医治。甚至急救中心碰到大事情、大规模救治，第一时间腾出来，且其他慢病暂时关闭，或者送到其他医院救治，确保需要急救的患者第一时间、最快效率得到急救。

说得再通俗一点，比如有重大事故发生，急救平台接到指令，估计常用急救中心不够用，那么医院就第一时间将场地清空，对空气进行消毒，转换成急救场地，然后组织医务人员进入现场平台对病人进行分类处理，如这边是轻症区，那边是重症区，这边是脑血管区，那边是心肌梗塞区——这样病人可以第一时间得到及时救治。

急救一定要做好演习预案。医护人员第一时间做好准备，病人一到，就可以直接进入手术室，可以节约很多时间。不像现在病人看急诊，先排队，再诊断，然后再送去很远的病房，这一个个环节中，浪费了很多时间，也可能耽误最佳的治疗时间。

这样的救治方案设计，好处很多，第一，救治的半径最短，时间也就最短；第二，整个服务的流程最合理的方式，就是这种直达的模式，是生命至上的初衷。

在急病面前，时间就是生命。与时间赛跑，与死神抢夺，大概是很多奋战在急诊一线医护人员最大的感受了。

讲这些思路和方案都梳理清楚之后，对于徐博他们来说，万事俱备，只欠东风了。下一步，怎么走呢?

说得通俗点，急救中心要建起来，必然要得到当地政府的支持。可尴尬的地方在于，核工业总医院归属于中国核工业集团，如何让当地政府愿意与医院合作来建立急救平台，是徐博他们需要首先解决的。

“我们的财政渠道不归苏州市政府管，跟他们要经费，要政府支持，可能是没有回报的支持，政府肯定要考虑，有些甚至直接拒绝。我们都知道，政府拨经费，肯定希望有回报，为政府、为老百姓，为整个城市的回报。所以说我们这个立项的过程，困难重重。”徐博仿佛看到了前方已知的坎坷。

为了给医院争取这个急救平台项目的立项，徐博放下院长的身段，凭着一股冲劲和一腔勇气，一次次跑到政府领导的办公室外面守候，有时一等就是一两个小时。

等待的过程，也会失落，会焦虑，会难堪。可急救平台的建立，关乎着医院发展的未来。在这大发展大机遇面前，他不断地告诉自己，没关系，只要能立项成功，只要能把平台建起来，其他都无所谓。

所以，后来当等不到领导时，徐博干脆就问秘书，什么时候会在什么地方，徐博就蹲点在那里，大有一副“为了项目，我拼了”的气壮山河的精神。

徐博一边坚持找苏州领导阐述“为何做，做什么，怎么做，能为苏州政府，为老百姓，为城市带来怎样的回报"，一边不忘跟医院其他同事讨论，完善执行方案。经过政府不断的论证、专题讨论会等，经过一次次耐心的争取和等待，他为医院、为自己终于拼得了一个机会。那天是周五的下午，徐博突然接到通知，第二天市长要进行项目审查会议，请他做好准备。最后还加了一句：你们医院的这个项目，领导还在斟酌中。

当徐博听到最后那句话时，心突然被什么揪住了似的。"在斟酌"意味着明天的立项考核，有不能通过的可能性。

为了能够申请这个项目，徐博、王少雄、刘长永等所有医院的力量，来来回回花了大半年时间，过程很艰难，花费精力很多。而且，为了让领导能够认可这个项目，徐博不停地找领导讲这个项目，不但要讲通说清，更要让领导能够听进去。这中间，医院所花的精力和背后付出的艰辛，可想而知。

他的心里，始终是不希望有不成功的可能性。可无论如何，这仍是一个好机会。

接到通知那天，徐博再次跟王少雄、刘长永他们商讨，以期能够让项目更加完美，检查是否还有疏忽的地方。

当天晚上，他失眠了。躺在床上，看着天花板，心里惦记着第二天立项的事情，反复思考着还有什么是否被遗漏，明天如果遇到回答不上来的问题怎么办…… 辗转反侧，不知不觉，窗外的天，渐渐发亮。徐博望着将晓未晓的天，深呼吸一口气，不断告诉自己至少眯一会。想着想着，也便慢慢沉入睡眠。

“滴滴滴”的闹钟声，将徐博从熟睡中叫醒。为了迎接这一天重要的时刻，徐博稍微打理了一下自己，再在脑海中梳理了一遍整个项目的思路、目的、未来发展……他坐上车，奔赴这场至关重要的立项审查会议。

会议室，大厅。柔和的灯光打在徐博身上，他正襟危坐，耳边却响起了一个比较尖锐的问题。

“徐院长，我们苏州政府不给你钱支持这个项目，是天经地义的，为什么？因为你这家医院财政渠道不属于我们，你应该是中央财政、核工业支持。所以我们不给你支持，理论上是没问题的而给你支持，我们必须与我们自己的医院讲清楚，与人大讲清楚。”这个问题，徐博早已预料，所以他耐心冷静地阐述了建立急救中心的初心。

徐博话音刚落，另一个问题紧接而来：“那么徐院长，你这个系统做完了，平台建设了，对整个城市有什么意义呢？”

徐博不紧不慢地继续讲述：“首先，我们医院是以急救起步的，使命就是以创伤急救为基础，为核事业发展做医学保障的，我们一直从事这个方面，这是我们的基础和优势。所以在急救领域和重症领域上，我们医院可以给苏州市带来一个全国性的决策。

其次，若能把中心建起来，苏州市医疗急救水平肯定不一样了。因为强有力的救治保障对整个苏州城市安全有重要意义。长远来看，不仅苏州市，包括长三角洲地区，未来将以苏州为中心点，将急救以及核应急医学急救辐射出去。苏州作为一个重要的城市区域，如果能建立起一个顶级的、救援救治能力非常强的中心，我相信未来在出现一些大事件上，它是能发挥重要作用的。当然，平时的普通急救，比如心梗脑梗、车祸创伤、化学事故等中心，也都是能解决大量问题的。

我们这个急救中心，其实是个系统工程。平时养一支队伍，这些普通救治也都是需要参与的，可当有大事件、大事故发生时，我们通过专业的衔接融合之后，医护人员就能立刻上场。

所以，这个急救中心，是保障整个苏州的城市安全，是为老百姓谋福祉的。"当徐博从容地讲清楚这些想法之后，又将自己的一些理念、急救中心建立的意义以及接下来的一些战术和愿景一一挑明说明。

徐博现场面对着五个市长，十几个局长，就这个项目，被反复问各种问题，他也一一作答。近 2 个小时后，其中一个领导说：我们再商量一下，你先出去等。

徐博在外面等结果，那一刻时间异常缓慢，周边的事物也异常安静，徐博的心里揪着，他既期待又害怕。所有的努力都做了，自己也放手一搏了，结果如何，真是自己左右不了的了。

没多久，便有人来喊他。当他再次回到会议室，看着眼前十几个领导，有一瞬间他觉得也许立项无法通过。

“徐院长，经过我们多方考量，我们决定给予你们附二院急救中心建设项目支持，同意拨款立项。”

徐博听到这句话时，脑海里只回荡着“支持”“同意”的字眼儿。周边的一切仿佛都不存在了，他内心被一种巨大的喜悦和激动充满。这有力的宣布，彻底惊醒他所有的细胞，窜入外耳道、耳咽管，来回撞击、振荡，形成一支箭——成功了，这箭完完全全射中了徐博的心。

眼泪，即将喷涌而出。他们，终于啃下了这块“硬骨头”。

领导们最后还补充说，给苏大附二院支持，也是需要的，我们城市确实需要有这样一个学科，一个具有影响力的学科，苏州也需要一个有影响力的医院，所以给予医院全力支持。

散会后，有领导说，附二院这个项目在通常情况下是通不过的，一般人肯定放弃了。医院和徐博的努力和坚持打动了我们每一个人。

在回医院路上，徐博回顾了这大半年来，医院上下为了项目群策群力、前思后虑的努力，喜悦和激动之情难以言喻，年过半百的他就这么坐在车里，流下了激动的泪水。

喜极而泣，难以自抑，一切都值得。

而后他给领导们一一发了感谢的信息：“感谢领导们的支持，我们一定会努力，不辜负苏州市对我们的支持和期望。”

那一刻，徐博从内心深处感激领导们的支持。因为他心里清楚，医院本就不隶属于苏州，但又要向他们争取支持，所以徐博必须把这个项目讲清楚、讲到位。因为从理论上讲，正如审查会议那个领导所说，政府财政的钱要用的地方本身就很多，它也有好多家归属的医院，这些医院也要发展，也需要财政支持。

所以，当急救平台项目得以立项，徐博的感激之情，都承载在了那些信息里，融入那些简短的话语、文字里。

当他回到医院，将这个好消息告诉王少雄和班子成员时，所有人都长长吁了一口气。

然而，对所有人来说，开心的时刻是一时的，立项的成功只是第一步，接下来，急救平台的搭建，无疑需要所有学科的梳理和创新。这也是一个大挑战！然而，徐博他们已然毫不畏惧。

因为，他们心里，清楚下一步棋该怎么走。

项目申请下来后，徐博他们就开始对整个医院的学科进行了一次全面和彻底的梳理。医院如今的模式是什么？那就是慢病跟急病混合在一个科室里，即两种病人混在一起，医生也在一起。

急救平台建设，必须要打破这些学科的界限，整个平台参与急救的人，学科与学科之间可以相互支撑，但同时又把这些急救学科单独拎出来。所以要搭建急救平台，徐博首先必须把医院原有的所有队伍重新梳理，再资源重组形成联合的专业化团队。

对人的资源重组，这是最难的。难在什么地方？要有取舍。

医院要发展壮大，必须要有一个重点发力的方向。人人都知道姚明很厉害，不是因为他个子高，而是他在篮球这个领域很厉害，技术好。医院发展也是如此，发展过程中一定要找一些重点发展的方向，形成医院的名片跟特色，就像人一样，要有特长，在哪个领域有名，名气响当当，其他人一到这个领域就想到我们医院。

医生也是这样，要有一个方向，舍弃一部分来重点打造另一个部分。当医生在某个领域中，成为专家或有了权威，他就是真的厉害了。反之，我们医院就会变成一个规模很大但又没特色，将来合成为没有竞争力的医院。

徐博对接下来怎么走，了然于胸。

整个梳理过程，其实类似改革，甚至大刀阔斧地调整。徐博将年纪轻的医生提拔起来，再把一些科室做了大幅度调整。徐博心里有个最终的规划图，等急救中心这个大楼建成之后，必须要有专业的队伍进去。不然，科室不调整，队伍不成规模，大楼建好了，没有医疗团队进驻，那之前所有的努力都白费了。

急救平台建立之后，后期的核应急救援的相应的资源配备也会慢慢跟上去，最终，打通普通急救与核医学急救的壁垒。

对于核工业总医院，非核特色的医疗救治是医院综合能力的底盘和基石，而核特色能增强综合实力，这两者是左右互补的。无论是非核特色还是核特色，都很重要，两个都要抓。正因此，医院的急救平台建设思路，也是囊括了这个基础。

医院综合实力和核应急救援是相辅相成的，而急救平台的建设亦是提升医院整体实力的有力途径。

在国内核应急救援领域里，医院算得上小有名气。徐博梳理目前医院核技术应用这一板块，把院区分得很清楚，功能定位也很清晰。

“急病能急，慢病够准，重症能治”——这是急救平台建成之后，所能发挥的作用，也是徐博等人努力的方向。

在全力建设中，徐博选择了放射治疗和核素应用学科作为重点打造的版块，规划未来将这两个领域发展为全国一流水平。

徐博心里也知道，这些都需要时间，需要长远规划，需要耐心等待。

“说这些目标，不了解的人会觉得我们好高骛远，但其实不是，这是一个长远的目标，需要 5~10 年的发展期。10 年后我们可以成为全国一流，那么前五年，我们该做哪些工作。在我看来，就是建平台，建我们的特色平台、优势平台，且让优势再带动短板，把整个综合能力提上去。”对于未来终将如何，徐博的心里，也是一清二楚。

在调整现有科室的人才同时，需要“招兵买马”。一个育人、一个引人，人才到位后，经过前五年的沉淀，后五年，这一批人才将会厚积薄发，将医院整体医疗水平，带上一个更高的层次。

立项之后，徐博立刻找来人事部主任马薇薇，与其商量接下来医院引入人才的一些事宜。

“你要特别留心一下那些年轻的、优秀的博士，三四十岁且有国外经历的，如果是名校毕业的，更好。”医院如今打开了一个新局面，徐博在人才上虽然求贤若渴，但也绝不滥竽充数。

有时候求才，亦是一种缘分。比如徐博最近关注到一个耶鲁大学遗传实验方面的博士后，徐博给马薇薇下了军令状：这个人才跟丢了，唯她是问。可如果遇到任何需要他自己出马的时候，尽管开口。

遗传实验室属于生殖方面的，但深入探讨，跟核辐射也有着密切的联系。放射与遗传、放射与基因有很强的关联作用。

所以，徐博一心求才，对每一位他关注的人才，都表现出医院对其最大的器重。

细数急救平台成立的每一个步骤，每一个理念，甚至每一个目标，诚然它会为城市、为医院带来安全保障和发展，但究其原因，仍然逃不开医院每一位医生身上的医者仁心。未来当急救中心建成之后，才真正为百姓谋福祉，这样一颗仁心，定将铸就一段辉煌岁月。

一条思路　理念露锋芒

其实很多人会奇怪，医院的急救平台建设，除了徐博之前阐述的战略和战术之外，它真正厉害的地方在哪里呢？这还要从福岛核事故说起。

日本福岛核事故发生后，有危害的区域里可能受到辐射污染的人有 5 万左右。日本政府当时采取的措施是类似强制性封锁，老人、孩子先营救出来，其他青壮年龄层的人，必须留在原地，不能出来。如果一定有急事要从集中点出来，必须接受严格的排查、严密的检测。因为人如果受到辐射，带有放射性的话，就相当于一个移动的放射源，所以封锁是阻断放射最直接的办法。这种处理方式，类似传染病防治。

在这种危急时刻，核救援的医疗能力，就体现出来了。

徐博正是从福岛核事故的教训受到启发，再抽丝剥茧般地将自己的想法厘清，一步步完善、执行。

对于救援，或者急救，徐博也有着自己的思考。“救援”一词，本就寓意深刻。它不仅需要速度、准确度，还需要质量。救援首先就是快，能够及时解决问题，避免百姓的恐慌，这对生命救治意义重大。比如医生紧急救治一个三四十岁的人，这个人背后代表的是一个家。家庭是社会的小单位，如果救治成功，也意味着家庭没有破裂，对社会也是很有价值的。

可反过来说，如果仅仅为了“救治成功”，为了“不死亡”，而忽略救援的质量、就会影响生命的质量，也是不合理的。作为医生，无论是徐博还是王少雄、刘长永，他们每天面临的都是生离死别的情景。对于生、对于死，徐博说，我们要尊重生命，但也要敬畏死亡。

徐博曾参与过一场工厂爆炸的大救治行动，受伤的人几乎都是二三十岁的年轻人。作为救援团队，真正救援的是什么？除了生命之外，当然还有生命的质量，质量也很重要。医生们通过技术、能力，将这些年轻患者的生命救了回来，可时间推移，他们也看到，这些在爆炸中受重伤的人，即使活下来也生不如死。当医生看到这种病人，预见他今后的生活，会对生命有重新的理解，对死亡有更深的尊敬。

爆炸事件发生后，医院全力抢救，在一个月内确实做到了零死亡，这说明医院救治能力很强。可在面对那些 98% 深度烫伤，整个人就像被剥了皮似的患者，承受着肉眼可见的生不如死。这个时候，会给医生们带来更深刻的思考。救援，到底是不是就只是救治生命？该不该考虑之后的生活质量？留住的生命会给生活带来怎样的影响？这样的思考，是创伤之后救治所要的一个提升。

“我其实在申请急救中心这个项目时，也一直在思考救援，到底应该如何救。首先要自己弄明白，才敢放心大胆、勇敢地往下走。这场爆炸救治，其实也给了我一个很大的启发。比如在爆炸中存活下来的患者，因为深度烫伤，整个人的皮肤跟正常人不一样。他们白天就住在‘鬼屋’里，不跟任何人接触、交往。房间里没有镜子，只有基本的生活设施。他们断绝跟社会的一切连接，自己内心又有巨大伤口需要愈合。所以我一直在思考，救援，到底该救到哪种程度。只有亲身经历之后，对生命的理解才会更深，包括死亡。

当我们把这些想法都理清楚之后，建设急救救援平台，也就水到渠成了。”

前期准备急救中心方案的过程中，其中有很多亮点和需求，正是政府想要的。比如徐博谈到，在整个项目的前期考察和准备过程中，他也勘察了军队里的各方资源和需求，那么急救平台的建设，可以为两者提供一个桥梁。

徐博回忆，立项阐述会议那天，当被噼里啪啦问到：

“你把中心建完了之后，其他医院急救怎么办？

你这个中心做好了，全国一流了是不是其他医院急救重症就不要弄了？”

……

面对这一系列尖锐的问题，他用了九个字作为开头：“从顶层设计系统考虑，我们要在苏州急救基础上，建立一个高峰。急救不是光靠能力强弱、水平高低，还有区域问题，要有一个系统设计。”

例如，苏州市安排急救点，老百姓一旦需要急救就根据就近原则，去一个距离近且能够急救的点进行救治。打个不恰当的比喻，急救有时候就像人的内急，必须当下立刻解决，绝不能拖延，所以急救要遵循就近原则、快速解决的原则。

在这之外，才涉及能力问题，如心脏病这种特殊疾病，如果第一时间送到一个急救点，结果这个点不能救治，时间就耽误了，这个病人就有可能丧失了救回来的希望。

所以说，徐博在考虑建设急救平台时，首先是布点设定、系统设计，然后再考虑解决疾病的能力——水平高的，综合能力强的，这个时候靠什么来支撑？急救指挥中心和急救体系建设。

在急救指挥过程当中，医学的判断和介入，能准确地将这个病人第一时间送到可以急救、有能力的点。所以说，要建立的急救中心，是在苏州急救各类项目的高原基础上，再建高峰项目，而不是替代苏州市其他医院的急救。

当然，在规划建设急救中心时，徐博还考虑到了中心建立之后，整个区域对交通的影响。在前期，徐博已经带领医院医疗团队做了大量的考察和铺垫工作，他们跟航空公司做过对接，争取能做到空中急救，大大缩短急救路径和时间。在国外，空中救援其实很常态化了。

虽然急救平台最终是要回归核应急的医学救治，能够承载得起事故发生后核救治工作，这的确对核工业、核事业发展有重大意义，也是急救平台最终想要实现的目标，但徐博在面临苏州政府领导各种询问时，巧妙地淡化了这个中心内容，而是从百姓的角度切入，让更多的人受益。

从长远来看，急救平台的建设，不仅仅是钱的问题，还有政府对医院的认可和支持，更是一家医院救死扶伤，医治生命的根本使命。将来在这个领域，就能确确实实看到医院未来的发展希望，这对医院来说有着决定性作用。

作为院长，徐博如果能把医院带到一个更高的层面，那么对医院今后开展工作，也将会更有信心。

“如今是盛世太平，医院也是零零散散地在接收一些核医学救治的病人，做得也很好，但是我要考虑的是，如果真正碰到大事情，医院能不能接得住、扛得住。目前我摸了一下家底，很有难度。

所以我站在医院院长的角度，需要有一个顶层设计的思考，我们国家必须要有这样一个重症的救治基地，将来真正遇到大事故的时候，我们医院能扛得起来，承接得住。因此从当下开始，我们要筹划建设‘应急急救与危重症救治中心’，它是个大概念、大应急、大急救。其中，我们想做‘核应急救援救治’，按照整体化、系统化的概念，通过整合融合方式，把它做成真正的国际一流水平。这不仅仅是未雨绸缪，居安思危，也是化整为零，让救治有一定流程化，不至于真正面临大事故的时候，手忙脚乱，惊慌失措。”徐博的这个顶层设计，无疑是极具高度的思路。也正因他这个初露锋芒的想法，吸引了核电强国法国核电领域专家的两次到访。

第一次是以民间交流的名义，徐博与法国专家简单地分享了自己想要建设这个大急救平台的想法，也提出了这个大救援平台的概念。法国专家听完后，心里默默记下来，也确实被他这个理念惊艳到了。那一次的交流，彼此相谈甚欢。

不久，专家回到法国后，在一次会议上，跟法国政府相关领导人提及此事："在中国苏州有这么一家医院，他们的想法和理念，很先进，我觉得超越了我们。"

法国政府领导一听，看专家的神色也是毫无夸大之意，虽不知真假，但心里想着"那还了得"，于是决定来实地看看，一探究竟。

2019 年 11 月，落英缤纷的时节，法国政府联系了江苏省外事办，以官方的名义再次来到医院交流互动，想要详细了解医院对于五位一体的救援体系建设的整体思路和方案。

这一次的理念阐述，徐博在第一次基础上，有了更完善的想法、更清晰的思路和更明确的目标。法国人听完之后，笑着对江苏省的政府领导说：

"这家医院不简单啊，他们的这些理念和操作，将来必成大气候。"

法国专家的两次到访，也昭示着徐博他们所提出来的思路和理念，极为先进和创新。一个大国、强国在急救方面非常重要，因为医学的发展，本来就是探讨人的科学，但急救重要就体现在预判准不准确。尤其是时间上，比如堵车，因为附近没有急救中心，或者因为去这家急救中心的路拥堵，或者再转到其他医院中间耽误了时间……时间就是生命，在疾病面前，这句话从来就不是空话。

无论对徐博、王少雄、刘长永，还是医院的其他任何一个人，“时间就是生命”这句话，他们每个人都有着切身的深刻体会。因为不久前，他们刚经历了一场突如其来的悲痛——亲眼看着抗疫期间一起奋斗的战友倒下，再也没起来，而所有人无能为力。

张宏峰，医院的采购中心主任。抗疫期间，物资缺乏，他肩负着来自四面八方的压力和责任，顽强得坚持着。

物资最匮乏的时期，医护人员的状态就像去前线打仗，手上却没有任何能够攻击或者防御的武器，防护服、护目镜各种医疗资源都很紧缺，可徐博作为院长，必须保证医护人员的安全，便跟张宏峰说：“无论如何，都要想办法弄出物资来。”张宏峰虽然知道院长的无可奈何，也清楚医疗物资的重要性，可他又如何能变得出来呢。面对医务人员说：“叫我们上前线打仗，医院总得先给我们枪吧！”，可这枪从哪儿来，张宏峰心急如焚。

徐博知道自己的要求很令人为难，给不出来战斗的武器，可又必须让战士们往前冲，去打仗。这样的状态，令徐博自觉无力又压抑，想尽各种办法去筹集物资，以期能减轻采购中心的一点压力。

另一方面，张宏峰脑海里日夜不停地想着要尽多、尽快地调度资源，无论通过什么途径、什么渠道，都要去采购资源。后来好不容易弄到一批物资，结果已经过期一段时间了，张宏峰内心纠结啊。按着平时，过期的肯定不合规格，丝毫不在考虑范围之内，可当时，防护服比黄金还宝贵。于是，他考虑再三，请示徐博是否要用。徐博也犹豫，可最后还是决定要用，这个过期的也要，有总比没有好，至少穿上它，还是能够稍微防护一下。

所以那段时间，身为采购中心主任的张宏峰，肩上的压力大得难以想象。可即使如此艰难，他们还是挺过来了。眼看疫情渐渐好转，局势稳定了，张宏峰却在一个凌晨，突然倒地不起；送进医院的时候，医生护士抢救了很久，不想放弃，不甘放弃，但还是回天乏术……

看着战友渐渐冰冷的身体，所有人都难以压抑地哭了出来。他正值壮年，他背后还有家庭，他工作时认真的模样，甚至他的眉毛因为情绪的波动而随时变换，严肃时眉毛紧紧揪着，开心时又爽朗地舒展……这所有鲜活的一幕幕，都随之远去。抢救室里，只有回荡着他的家人撕心裂肺的哭喊声。

对于徐博而言，这一切太突然，以至刚听到消息时，猝不及防，心生慌乱。凌晨接到电话，徐博立刻从家里赶去医院急救室，看着眼前战友毫无生气的样子，眼泪生生逼了回去，不让自己失态。可当他送走战友回到办公室，所有的情绪涌上来，他无力地坐在椅子上，眼泪关不住闸似的流淌出来，一滴两滴三滴……继而释放般地大哭了起来。

“事后我一直想，一直想，如果我们的急救中心已经建好了，是不是能为张宏峰增加一丝希望，也许还能救回来。”

想起这段经历，无论是徐博，还是王少雄，抑或是刘长永，这是真实的痛，是疼痛的教训，是他们，乃至医院每一个人要建成急救中心的最大动力。

一个愿景　危急显担当

立项成了，建设思路也有了，接下来就是如何通过急救平台的建设，让医院更好，跨上一个新台阶。

急救中心的建设，无疑能够提升医院的整体能力，扩大影响力，既是为医院以后的发展做积累、打基础，也是在逐渐奠定医院不可替代、不可或缺的地位。无论国家、政府，还是社会、百姓，都需要有急救能力很强的医院，来为他们做急救方面的工作。那时，医院便有了自己更强的独特性和不可替代性。

当医院发展到有了不可或缺的优势时，才算真正有了一席之地。而医院的不可替代性，不仅仅为核事业能够更好地保驾护航，更重要的是一旦有了危险，国家对老百姓的责任感就在医院及时到位的救治中体现出来了，在大灾大难中，给予百姓十足的安全感和信心。

这是未来急救中心的责任和担当。

正如王少雄所说，一个医院，实力很强，但没有在关键时刻有相对应的担当，也是走不远的。而核工业总医院的这种担当，在疫情期间已显露无遗，震惊了所有人。

当武汉疫情频频告急之时，医院在自身人员紧张的情况下，仍然立即组织了一批医疗队员，前往武汉进行支援。

可谁能想到，在医疗队增援武汉出发的当天，医院住院部发现了一例新冠肺炎病例，再三检查，最后确诊。

凌晨六点，徐博神色如常，微笑着到现场为医疗队送走。看着大巴车缓缓驰远，徐博心里对未知的不安渐渐放大，即使让他们带着医院所有的防护物资，可又如何能确保他们在前线的安全呢？一股生离死别的情绪，涌上心头，这次一别，是否还能安然无恙回来，他不敢肯定。

医疗队出发后，他火速回到医院，进一步了解具体情况，详细着手处理在病房里确诊的这个病人。

据病人自己描述，因为疫情的蔓延，尤其武汉疫情的爆发，让他心里也慌了神，于是隐瞒了自己跟武汉人一起吃饭，有过接触的事情。他抱着侥幸的心态，也许自己没有被感染呢？如今，感染新冠肺炎是确凿无疑了，那接下来该如何处理呢？

徐博快刀斩乱麻，立刻采取各方面措施。向上级部门报备的同时，与患者接触过的医护人员一律隔离观察，相邻的病区也全部清空，整个医院的空调系统也全部关闭，同时也配合公安部门封锁整个病房大楼进行彻底消杀……

雷厉风行的处理和及时到位的封锁，从最后的结果来看，十分有效。因为医院在确诊这一例病人后，做到了零感染，无论医护人员还是其他病人，都没有感染。

对于一个医院来说，封锁病房大楼，无疑是断臂求生，对医院发展非常不利。可当时情况危急，若没有这种决然的勇气和责任的担当，后果不堪设想。

因此后来在一次会议上，苏州市市长点名肯定了医院面对这个情况的一系列决策：核工业总医院是有担当的。后来苏州市其他的一些医院出现疑似病例，领导们就会说，你们去问徐院长是怎么处理的。

什么是担当？担当就是在紧急状况下，以大局为重，有全局意识，敢于舍；在没有参考标准、没有方案可借鉴时，在众说纷纭、没有决策时，敢于拍板决定，敢于定夺——正确便好，错了就承担。

无论是大担当还是小担当，总要有人站出来决定，不然事情悬而不决，没有最终的决策来执行，事态只会越来越严重。徐博正是因为明白这一点，在医院当时艰难的时刻，在众人慌乱的时候，他站出来决定、拍板、定夺。

"对于当时徐院长的抉择，其实我都能理解。因为没有定夺，就没有方案，就没有执行。我想无论是我，还是医院其他分管的主任，都能理解他当时的为难和果断。"王少雄说。正因为医院有着这样独特的内在基因，领导层有对责任的担当和领悟，所以医院建立急救平台，具备天时地利人和。

搭建急救平台，还有一个重要的工作就是心理疏导。老百姓在面对急诊时，心里恐慌，六神无主，甚至恐惧死亡，那么他们在治疗疾病前，就已经失去了先机。所以，医院不仅仅要建好急救救治平台，更要去疏通他们心里的郁结。

纵观时代发展，很多人也发现，人工智能的兴起让很多工作提高了效率，增强了效果。可对于医学的发展，无论是未来急救平台的建设，还是医院的发展方向，人工智能是无法完全替代医生的。医学的发展，是一个逐步的过程，人工智能的介入，也是循序渐进的。比如一些局部关键部分的手术，人的手可能会抖，有偏差，但机器不会抖，那就用机器。

可说到底，医生的工作不仅在于救治病人的病，还有处理自身与患者之间的关系，而整个诊治过程中，也有很大一部分人文因素在其中。真正好的大夫其实都是一个矛盾体。当他面对病人在急救那一刻起，他事实上是不能把病人当成“人”，而是分割成一个个器官，给予非常精准地救治，这是医生的医学价值。然而，当他下了手术台，去查房的时候，他内心又有人文关怀，对曾经自己救治的病人会观察得更细致，比如医生观察到患者在床上翻身有一点困难，就会帮他翻一下。这些小事情，是带着情感的行为，是人工智能无法实现的。

人工智能可以替代医生的双手，帮助人来做更精细操作，更精准的手术，但在救治过程当中，它们无法替代医者之心，医者对患者的关怀。这种情感的维系，是人工智能做不到的。

医生和患者，是人与人的关系，是“修复人”的过程。的确，现在修车、造车都可以完全工业化，用人工智能取代，但“修人”肯定不行。

“医学的发展，会有人工智能的参与，但肯定不能被替代。”徐博坚定地说。

为医者，如果灵魂有火，眼里有光，其一言一行，一举一动，也将是走向光的过程。无论是医院致力发展核技术的医学应用，还是全力建设核应急医学救援中心，都是医院走向“光”的途径。这期间，总有许多温暖的念想，和值得每个人眺望的事情。

在一个渴望治愈的年代，医生们需要深刻，同样也需要被铭记。他们是一直走在生命前方的人，观察一切，感受一切，治疗一切，用果决的手，仁慈的心，描绘真实的生命。

心之所向，行之所为，即为光明，一如诗人所描写的那般：

这光芒，太阳的极小的一部分背着隐匿的太阳向我飞来

这种闪闪烁烁的逼近已把人灰暗的心情驱逐在耗尽辉煌、周身漆黑之时

又一点一点地收集人间的亮色与关怀重新闪烁，在某一时刻，向我们飞来

图书在版编目（CIP）数据

“核”你点亮未来 / 显君，叶清著. -- 北京 : 中国原子能出版社，2021.9

ISBN 978-7-5221-1555-9

Ⅰ. ①核… Ⅱ. ①显… ②叶… Ⅲ. ①原子能工业一先进工作者一先进事迹一中国 Ⅳ. ①K826.16

中国版本图书馆CIP数据核字(2021)第183154号

“核”你点亮未来

出版发行	中国原子能出版社（北京市海淀区阜成路43号　100048）
责任编辑	王　青　郭文传
责任校对	宋　巍
责任印制	赵　明
装帧设计	侯怡璇
印　　刷	天津画中画印刷有限公司
开　　本	787 mm×1092 mm　1/16
印　　张	15
字　　数	145千字
版　　次	2021年9月第1版　　2021年9月第1次印刷
书　　号	ISBN 978-7-5221-1555-9
定　　价	68.00元

发行电话:010-68452845

出版电话:010-88821453